세계 윤리
구상

© HANS KÜNG
PROJEKT WELTETHOS

R. Piper GmbH & Co. KG, München 1990

Translated by AHN Myeong-Ok
Korean Translation Copyright © 1992 Benedict Press, Waegwan, Korea
Korean translation edition is published by arrangement with Hans Küng.

세계 윤리 구상
1992년 9월 초판 | 2012년 4월 4쇄
옮긴이 · 안명옥 | 펴낸이 · 이형우
ⓒ **분도출판사**
등록 · 1962년 5월 7일 라15호
718-806 경북 칠곡군 왜관읍 왜관리 134의 1
왜관 본사 · 전화 054-970-2400 · 팩스 054-971-0179
서울 지사 · 전화 02-2266-3605 · 팩스 02-2271-3605
www.bundobook.co.kr
ISBN 89-419-9215-X 03230
값 7,000원

한스 큉

세계 윤리 구상

안 명 옥
옮김

분 도 출 판 사

차 례

제2부

종교 평화 없이 세계 평화 없다

진리 광신과 진리 망각 사이를 걷는 일치의 길

머 리 말

세계 윤리 없이는 생존이 불가능하다. 종교의 평화 없이는 세계
의 평화도 없다. 또 종교의 대화 없이는 종교의 평화도 있을 수
없다. 바로 이것이 이 책의 관심사이다.

이 책은 비록 보잘것없는 작은 책에 지나지 않지만 이 책이 태
어나기까지 **전사**(前史)의 진폭은 매우 크다. 필자는 사전에 "세
계 윤리"에 대한 이론적이고 해석학적인 토대는 물론 사실적이고
내용적인 토대를 작업하지 않았더라면 감히 이 주제에 대해 진술
할 마음을 먹지는 않았을 것이다.[1] 이러한 사실은 이 책이 일차

---

* **역자의 일러두기**: 독자들의 편리를 위해 각주에 자주 사용되는 약어표
를 만들어 제시하고자 한다:

a.a.O.　상게서　　　　　　　bes.　특히
dazu　이와 관련해서　　　　ders.　동일 저자
dies.　동일 저자들　　　　　dt.　독일어판
im folgenden zitiert mit ...　이하에서는 ···로 인용
Vgl.　참조하라　　　　　　　Zit.　인용

1. Vgl. **H. Küng** (연대순으로)
  – Christenheit als Minderheit. Die Kirche unter den Weltreligionen, Einsiedeln
  1965.
  – Die Kirche, Freiburg 1967; München 1977 (im folgenden zitiert mit Ki), bes.
  B II, 2: Außerhalb der Kirche kein Heil?
  – Menschwerdung Gottes. Eine Einführung in Hegels theologisches Denken als
  Prolegomena zu einer künftigen Christologie, Freiburg 1970; München 1989
  (im folgenden zitiert mit MG).
  – Christ Sein, München 1974 (im folgenden zitiert mit CS), besonders A III: Die
  Herausforderung der Weltreligionen.
  – Existiert Gott? Antwort auf die Gottesfrage der Neuzeit, München 1978 (im
  folgenden zitiert mit EG), bes. G I: Der Gott der nichtchristlichen Religionen.
  – Ewiges Leben?, München ²1982 (im folgenden zitiert mit EL).

적으로 — 그러나 결코 배타적이지는 않다 — 관심을 기울이고 있는 세계 종교에 대해 필자가, 필자와 함께 종교학을 연구해 온 동료들과 더불어 나름대로의 연구 결과를 제시할 수 있었다는[2] 그 이상의 것을 뜻한다. 이러한 토대는 종교 일반에 대한 평가, 즉 근대의 종교 비판, 세속화된 윤리 그리고 정치적이고 사회·문화적인 상황과의 대결과 밀접하게 관련되어 있다.[3]

그러므로 윤리와 종교라는 주제와 관련해서 가능한 한 일목요연한 구성과 더 쉽게 이해될 수 있는 언어 형태로 제시되는 내용이 항상 반복해서 성찰되었다. 이러한 성찰은 의도적으로 압축되어 많은 경우 거의 공리적인 이유로 간결한 명제 형태를 취할 수 있었다. 즉, 현재 진행되고 있는 변혁과 이미 두드러지게 나타나고 있는 획기적인 전체 상황 그리고 새롭게 등장하는 대 징후 — 이것은 필자에게 우주 역사적인 핵심 개념이기도 하다 — 에 대한 **시대 분석의 잠정적인 시도** 등으로 압축될 수 있었다. 개인 각자는 5년마다 배가하는 대량의 정보와 하루가 다르게 쏟아지는 새로운 풍조의 홍수에 직면하여 점점 어지러움을 느낄 수밖에 없

– (mit **J. van Ess, H. von Stietencron, H. Bechert**), Christentum und Weltreligionen. Hinführung zum Dialog mit Islam, Hinduismus und Buddhismus, München 1984 (im folgenden zitiert mit WR).
– (mit **W. Jens**), Dichtung und Religion. Pascal, Gryphius, Lessing, Hölderlin, Novalis, Kierkegaard, Dostojewski, Kafka, München 1985.
– Theologie im Aufbruch. Eine ökumenische Grundlegung, München 1987 (im folgenden zitiert mit ThA).
– (mit **J. Ching**), Christentum und Chinesische Religion, München 1988 (im folgenden zitiert mit CR).
– (mit **W. Jens**), Anwälte der Humanität. Thomas Mann, Hermann Hesse, Heinrich Böll, München 1989.
– Die Hoffnung bewahren. Schriften zur Reform der Kirche, Zürich 1990.
2. Vgl. bes. WR und CR.
3. Vgl. bes. MG; CS; EG; EL.

다. 바로 이때문에 개인 각자는 오늘날 혼란을 일으키는 세부 사항들을 정리하고 이해할 수 있기 위해 근본적 **정위**(Orientierung) **인식**을 필요로 한다. 이 책은 이러한 정위 인식을 제공하고자 한다. 현실은 매우 복잡하고 모든 진보와 발전에는 항상 예외와 일탈과 반작용이 따르며, 모든 세부적인 물음들은 거듭 다시 그 진상이 파악될 수 있다는 사실을 필자도 당연히 의식하고 있다. 하지만 필자에게 더 중요한 것은 세상이 공적인 관심사와 관련해서 전문가들에게 시대의 정신적인 상황을 기교적인 전문 용어나 그 깊은 의미를 호도하는 제한을 배제하고, 더 분명하고 쉽게 이해할 수 있는 언어로 진술해야 한다는 요구를 제기할 권리가 있다는 점이다.

이러한 구상을 담은 이 책은 **현재의 절박한 도전**이 없었더라면 태어나지 않았을 것이다. 필자가 연구를 통해 그리고 지구상의 모든 위대한 문화권과 경제권을 돌아본 여행에서는 물론 다양한 종교를 신앙하는 인간들 · 인종 · 계층과의 만남에서 얻을 수 있었던 통찰 그리고 이러한 연구 · 이해 · 만남을 통해 하나의 귀결로서 필자에게 다가오는 것이, 이 책에서 **인류 전체를 위한 윤리의 불가피성**이라는 형태로 간략하게 제시된다. 지난 수년간 필자는 우리가 살고 있는 이 세계는, 이 세계 안에 차별의 윤리, 모순의 윤리, 투쟁의 윤리를 위한 공간이 더 이상 존재하지 않을 때에만 비로소 생존의 기회를 얻을 수 있다는 사실을 점점 더 극명하게 의식하게 되었다. 우리가 살고 있는 이 세계는 근본 윤리를 필요로 하고 있다. 결코 한 종교, 한 이념이 아니라, 구속력을 행사하는 규범 · 가치 · 이상 · 목표를 필요로 하고 있다.

이러한 규범 · 가치 · 이상 · 목표와 관련해서 필자는 결코 파당 정치를 시도할 의사는 없다. 필자가 신학자로서 정치적인 태도를 표명해야 한다면 그것은 어디까지나 전체와 관련된 것이지 결코 당파와 관련된 것은 아니다. 그리고 일치 운동 신학자로서 필자는 내가 속해 있는 교회 안에 머물면서도 모든 종교와 교회에 대해서도 교회의 일치와 종교 사이의 평화와 관련해서 져야 할 책임이 있다는 것을 의식하고 있다. 지구상의 도처에 살고 있는 인간들로 하여금 규범·가치·이상·목표를 위해 동기를 부여받도록 자극하는 것이 종교의 관심사가 아니던가? 비록 종교들의 양면성 — 필자는 이 양면성을 충분히 체험한 바 있다 — 에도 불구하고 이 점을 부인할 필요는 없을 것이다. 이 책에서는 어떠한 이상적인 종교 개념도 주장되지는 않을 것이기 때문에, 종교들은 무턱대고 신성시되지는 않을 것이다. 하지만 요청의 시대는 무르익었다. 즉, 현재의 세계 시간 안에서 세계 평화를 위한 아주 독특한 책임이 세계 종교에 맡겨져 있다. 미래에 있어서 모든 종교들의 (작은 종교들까지도 포함하여) 믿음은 종교들 자신이 서로를 분리시키는 것보다는 서로를 일치시키는 바 그것에 의해 좌우될 것이다. 왜냐하면 인류는 항상 종교들이 이 지상에 평화를 실현시키기보다는 전쟁을 부추기는 것을, 화해를 추구하는 대신 광신을 재촉하는 것을 그리고 대화를 실천하기보다는 우월성을 주장하는 것을 더 이상 용인하지 않을 것이기 때문이다.

수많은 기회를 통해 필자는 이 책에 제시된 구상과 관련해서 이미 공개적인 실험을 진행한 바 있다. 그 가운데 특히 두 가지 실험이 필자에게 도전으로 다가왔다. 1989년 2월 유네스코의 독일 대사관과 괴테 연구소의 후원을 받아 파리에서 유네스코 주최로 "종교 평화 없이 세계 평화 없다"라는 주제로 심포지엄이 개최된 바 있다. 필자는 이 심포지엄에서 기조 강연을 하도록 초대받았고, 이 강연에 대해 이 책에서도 논의되고 있다. 이 심포지엄에는 필자의 강연에 대해 태도를 표명하던 모든 세계 종교들의 대표자들도 초청되어 있었고, 그 결과 생산적인 대화가 이루어지기도 했다. 둘째 기회는 ― 1990년 2월에 시작되었던 동유럽 변혁의 와중에 ― 다보스(Davos)에서 개최되었던 세계 경제 포럼이 제공해 주었다. 세계 경제 포럼의 창립자이자 의장인 슈봐브(Klaus Schwab) 교수는 고맙게도 필자를 초대하여 국제적으로 인정받는 이러한 모임에서 신학자로서 발언할 수 있도록 배려해 주었다. 필자는 여기서도 정치계·경제계·금융계의 대표자들이 윤리적 강령을 획득하는 데에 실패했다면 모든 종교와 교회의 윤리적 요구들마저도 무의미할 수밖에 없다는 사실을 확인했다. 필자가 다보스에서 행한 강연의 주제는 "우리가 생존하기 위해서는 왜 전지구적인 윤리 기준이 필요한가?"였고, 이 강연의 내용 역시 ― 튀빙겐과 키일 대학의 철학 교수인 요나스(Hans Jonas)와 아펠(Karl-Otto Apel)과의 공개 대화를 통해 매우 다양한 맥락에서의 실험을 거친 후 ― 이 책에서도 논의되고 있다.

이 책의 제3부는 전적으로 **미래**를 겨냥하고 있다. 필자는 제3부에 "서설"이라는 부제를 달았다. 그 이유는 1989년 이래 로베르트-보슈(Robert-Bosch) 기념 재단이 필자에게 새로운 연구 구상이 가능하도록 도움을 제공했고, 그 주제는 "종교 평화 없이 세계 평화 없다"였다. 즉, 이 책의 제3부는 새로운 연구 구상의 서설에 해당한다. 이 연구의 목적은 **현시대 종교 상황에 대해 신학적으로 총체적인 진단**을 시도하는 것이다. 5년 이내에 필자는 우선 유태교와 그리스도교와 이슬람교의 종교적인 상황에 대한 연구 결과를 제시하려고 한다. 필자가 어떠한 분석적인 구상으로써 이토록 복잡다단한 연구를 시작할 것인가 하는 물음에 대해서는 이 책의 3부에서 답하고 있다. 필자가 이미 이 3대 종교의 흐름 체계에 응용하여 제시한 바 있듯이,[4] 신학적인 징후 분

---

4. Vgl. bes. ThA.

석은 각 종교 안에 내재되어 있는 갈등은 물론 각 종교의 역사적 맥락, 획기적 변혁 그리고 오늘의 구조를 내용적으로 이해하며 미래의 해결 가능성을 중재하는 데 있어서 탁월한 수단이라는 사실을 체험할 수 있었다.

필자는 물론 이 보잘것없이 작은 책을 간행함에 있어서 필자의 역량에 한계가 있다는 사실을 충분히 의식하고 있다. 하지만 이 책에 기술된 내용은 다차원적이고 폭이 넓고 풍요로우며, 바로 그때문에 모든 측면에서 쉽게 접근할 수 있는 구상이라고 볼 수 있다. 그래서 필자는 이 책의 제목을 의식적으로 "세계 윤리 **구상**"이라고 해 보았다. 한 신학자가 "세계 윤리"를, 더 나아가 종교 평화를 논한다는 것은 사리에 맞지 않다고 생각할 수도 있다. 하지만 이미 기존하는 것이 내포하는 공통성을 보편적인 의식으로 고양시키고, 미래의 종교는 분리시키는 것보다 오히려 공통적인 것을 더 강하게 강조해야 한다는 사실을 거듭 촉구하는 것이 일치 운동 신학자에게 위임된 과제이기도 하다.

1990년 2월에 출판된 『희망의 보존. 교회 개혁론』이라는 저서는 ─ 필자의 다른 저서와 관련해서 ─ 회고의 시각에 입각해서 다양한 그리스도교를 고려하여 이른바 **"대내 정책"**에 대한 구상에 관심을 기울였으나, 이 책은 다양한 세계 종교들과 세계 지역을 고려하여 앞으로 출판될 준비중에 있는 저서들이 제시할 **"대외 정책"**에 대한 구상에 관심을 기울이고 있다. 만일 이 두 책이 두 가지 목적을 실현한다면 그 소임을 성취시켰다고 말할 수 있을 것이다.

─ 개별적인 종교들과 윤리 전문가들이 원천에 대한 공동 연구, 역사적 분석, 체계적 평가, 정치적·사회적 진단을 통해 전지구적인 윤리를 위한 의식을 창조해 내는 데에 협력한다면;

— 우리 사회의 모든 계층의 책임자들이 이 어렵고도 인류의 생존을 위해 막중한 "세계 윤리"라는 주제를 이론적으로는 물론 실천적으로도 모든 힘을 기울여 실현하는 데 헌신한다면 말이다.

필자는 이 책을 독일 연방 은행 총재인 칼 클라센(Karl Klasen) 박사와 그의 부인 일세(Ilse)에게 바치고자 한다. 수년간 지속되어 온 두 분에 대한 필자의 우정은 이 책에서 다루고 있는 주제와 관련해서 매우 중요한 의미를 지니고 있다. 두 분과 나누었던 수많은 대화가 없었더라면 필자는 우리의 세계가 지니고 있는 현실적인 맥락에 대한 통찰력을 얻을 수 없었을 것이다. 그뿐 아니라 두 분은 신학자로부터 도전을 받아들일 준비가 되어 있었다. 두 분은 20세기를 살아가는 인간으로서 신학 서적을 탐독하고 그 저자와의 만남을 소중하게 여겨 왔다. 그 결과 서로가 서로를 풍요롭게 만들고 서로의 기쁨을 나누게 한 우정이 싹트기 시작했다. 필자는 두 분의 헌신적인 조언과 우정어린 격려에 대해 언젠가는 이러한 공개적인 기회를 빌려 깊은 감사를 표하고 싶었다.

교회 일치 연구소의 쿠쉘 박사(Dr. habil. Karl-Josef Kuschel), 슐렌소그 신학석사(Stephan Schlensog), 사우르(Marianne Saur) 부인을 비롯한 연구 팀도 원고를 읽고 토의하고 수정하면서 필자의 학문적인 연구를 지속적으로 도와 주었다. 원고의 기술적인 처리를 위해서는 헨(Eleonore Henn) 부인과 크라우세(Margarita Krause) 부인이 수고를 아끼지 않았고, 문장의 기술적인 배열과 필자의 스케마를 도표로 그리는 작업은 슐렌소그(Stephan Schlensog) 신학석사가 맡아 수고해 주었다. 필자는 이 모든 분들에게 진심으로 감사드리지 않을 수 없다.

1990년 5월, 튀빙겐에서
한스 큉

제1부

세계 윤리 없이 생존 없다

전지구적 윤리가
필요한 이유

제1장

근대로부터 후기 근대에로

○ 세계의 국가들은 군사 무장을 위해 **매분** 1,800만 달러씩 지출하고 있다.

○ 기아 또는 기아로 인한 질병에 의해 어린아이들이 **매시** 1,500여 명씩 죽어가고 있다.

○ 동물이나 식물이 **매일** 한 종씩 멸종하고 있다.

○ 제2차 세계대전의 시기를 예외로 하고 80년대에 들어와서 **매주** 더 많은 사람들이 체포되고 고문당하며 살해되거나 아니면 여러 가지 방법으로 압제 정부에 의해 더 혹독한 억압에 시달리게 되었다.

○ 세계 경제 구조로 말미암아 1,500억 달러에 이르는 외채에 75억 달러가 **매월** 누증되고 있으며, 이러한 외채 누증은 제3세계 사람들에게 감당할 수 없는 부담을 지우고 있다.

○ 한국의 넓이 3/4만큼의 원시림이 **매년** 파괴되고 있다.

이러한 수치[1]는 물론 다른 유비를 통해 보완되거나 대체될 수도 있겠으나, 이러한 수치의 나열에 직면해서 우리는 생존하기 위해 왜 전지구적인 윤리가 필요한가라는 물음 이외에 또 다른 이유를

---

1. 이들 수치는 1990년 서울에서 개최되었던 그리스도교 교회의 세계 총회를 위한 준비 문서에서 유래한다: **Gerechtigkeit, Frieden und Bewahrung der Schöpfung.** Erster Entwurf für ein Dokument der JPIC-Weltversammlung in Seoul 1990, hrsg. vom Evangelischen Pressedienst, Frankfurt / Main 1989.

제시할 필요가 있을까? 아마 없을 것이다. 그럼에도 불구하고 우리는 이유의 제시 또는 이유의 구체화를 위한 노력을 아낄 필요는 없다. 왜냐하면 현재의 세계 시계가 가리켜 주고 있는 위기는 단기적으로 위기를 내포하고 있는 진행 과정의 결과라기보다는 오히려 장기적으로 위기를 내포하고 있는 진행 과정의 산물이기 때문이다. 오늘날 전지구적인 윤리에 대한 물음을 제기하는 자는 현재의 상황이 이미 제1차 세계대전과 더불어 시작한 획기적인 개혁의 현상이라는 사실을 의식하지 않으면 안될 것이다.

징후 변화의 시작

미래의 가능성을 향한 시각과 더불어 1918년이라는 세계사적 분수령에 대해 회상할 필요가 있다. 역사가 달력의 날짜에 관심을 기울이지 않는다. 하지만 수많은 역사가가 19세기는 제1차 세계 대전과 더불어 끝나고 20세기는 1918년과 더불어 비롯했다는 데에 의견이 일치한다. 바로 여기에, 좀더 정확하게 말해서 근대 이후의 **"후기 근대"**(Post-Moderne)[2]라는 새로운 세계 기원의 전환점이 출발한다. 이 개념은 물론 의문의 여지를 포함하고 있는 개념으로서 아직도 고유한 이름을 소유하지 못하고 있는데, 그러나 세기의 막바지에 이르러 점점 더 일반적인 의식 안에 떠오르고 있는[3] 개념으로서 새로운 세계의 기원을 묘사하는 데에 적절하다기보다는 오히려 곤혹스러운 표현이기도 하다. 후기 근대라는 개념은 필자에게도 모든 것을 해명해 주는 마술의 주문 또는 무료 입장권 같은 것이 아니며, 동시에 논쟁을 야기시키는 빈정거리며 상처 입히는 개념도 아니다. 그보다는 오히려 오해를 불러일으키기는 하지만 그러나 절대적으로 인식을 도와 주는 개념이기도 하다. 이 개념은 우리 시대를 근대와 구별해 주는 바 그

---

2. 어원적으로나 역사적으로나 내용적으로나 매우 혼란을 수반하는 개념이다. 후기 근대에 대한 다양한 해석을 위해서는, Vgl. **W. Welsch** (Hrsg.), Wege aus der Moderne. Schlüsseltexte der Postmoderne-Diskussion, Weinheim 1988.

3. Vgl. **J.-F. Lyotard,** La condition postmoderne, Paris 1979; dt.: Das post-moderne Wissen. Ein Bericht, herausgegeben und überarbeitet von P. Engelmann, Graz 1986.

것을 분석하는 데 있어서 정확하게 문제의 구조를 잘 파악하도록 도움을 제공하는 이를테면 "탐색-개념"이라고 말할 수 있다.

가. 전환점: 1918년

"근대"로부터 "후기 근대"에로의 시대 전환은 거의 단숨에 단기적으로 진행되었다. 그 결과 우리는 이 시대의 전환이 70년대 또는 80년대에 시작한 것으로 파악하게 되었다. 근대가 결정적으로 함몰하기 시작한 것은 이미 **제1차 세계대전** 무렵의 유럽 중심적인 세계와 시민 사회가 붕괴되기 시작했을 시점으로 보아야 할 것이다. 제2차 세계대전은 중부 유럽과 동구 유럽에 있어서 1,000년간 지속되어 온 독일의 제국, 400년간 지속되어 온 프로테스탄트의 국가 교회 그리고 근대 자유 신학의 붕괴를 초래했다. 아울러 이 시대 전환은 합스부르그(Habsburg) 제국의 몰락 이외에도 오토만(Ottomann) 제국과 중국 제국의 붕괴까지도 초래했다. 결정적으로 중요한 것은 불투명하게 피상적인 의미로 사용되는 "후기 근대"라는 **단어**가 아니라 **전지구적이고 획기적인 돌변의 사실**이다. 이 사실이 거기서 드러나는 징후를 통해 정확하게 분석되어야 한다. 그러므로 필자는 후기 근대라는 단어를, 지금까지 이 단어를 대체할 수 있는 다른 단어가 발견되지 못하고 있지만, 우선 문학사적인 의미 또는 건축 양식사적인 의미로보다는 (이 영역은 문제를 상대적으로 늦게 의식했다)[4] 오히려 **세계사적인** 의미로 사용하고자 한다.[5]

이미 1914~1918년 사이의 세계대전 이후, 17세기 중엽부터 근대 철학(Descartes), 자연과학(Galilei) 그리고 현실적인 법·국가·정치 이해와 더불어 **붕괴되기 시작한 근대의 세계**는 새롭고 평화로운 **후기 근대의 세계 질서**를 통해 대체될 수 있는 기회가 있었다.

○ 이미 그 당시 유럽 세력에 의한 세계 지배는 동요되기 시작했으며, 이러한 총체적이고도 전지구적인 동요 이후 유럽 중심은 **다수 중심** — 미국·소련·일본도 포함하여 — 에 의해 해체되기 시작했다는 사실이 많은 사람들에게 분명해졌다.

○ 이미 그 당시 근대 과학의 기술은 전쟁에 전혀 다른 차원의 **파괴 수단**을 제공할 것이며, 완벽한 살상 기술을 동반하는 새로운 세계대전이 유럽을 철저하게 폐허로 만들 수 있다는 사실이 분명하게 드러났다.

○ 이미 그 당시 결정적으로 무장 해제와 군비 축소 그리고 평화의 실현을 위해 투신한 **평화 운동**이 있었다.

○ 이미 그 당시 신랄한 **문명 비판**이 있었고, 미래를 멀리 내다보는 자들은 산업화가 기술적인 진보만을 가져다 주지 아니하

---

4. 예술은 철학이나 자연과학에 비해 비교적 늦게 근대에로 출발한다. 하지만 인상주의의 출현으로 예술은 근대화의 속도를 가속화시킨다. 그러나 곧 근대의 위기에 휩싸인다. 그 결과 후기 근대의 길을 실험적으로 모색하기에 이른다. 이 점과 관련해서 필자는 한편으로는 바르트[Karl Barth und die katholische Theologie, in: Theologische Literaturzeitung 112 (1987), S.561-578]와 다른 편으로는 토마스 만과 헤르만 헤세(vgl. **W. Jens – H. Küng,** Anwälte der Humanität. Thomas Mann, Hermann Hesse, Heinrich Böll, München 1989)의 사례를 통해 그 자세한 내용을 해명한 바 있다.

5. **R. Pannwitz,** Die Krisis der europäischen Kultur, Nürnberg 1917. **A. Toynbee,** "A Study of History", Abridgement of Volumes I-VI, hrsg. von D. C. Somervell, Oxford 1947, S.39 (dt. Der Gang der Weltgeschichte. Aufstieg und Verfall der Kulturen, Zürich ⁴1954, S.39). Vgl. **A. Wellmer,** Zur Dialektik von Moderne und Postmoderne, Frankfurt 1985. **A. Huyssen – K. R. Scherpe** (Hrsg.), Postmoderne, Zeichen eines kulturellen Wandels, Hamburg 1986. **P. Kemper** (Hrsg.), "Postmoderne" oder Der Kampf um die Zukunft. Kontroverse in Wissenschaft, Kunst und Gesellschaft, Frankfurt 1988.

고 동시에 시간이 흐름에 따라 환경을 파괴시킬 것이라는 사실을 파악했다.

o 이미 그 당시 여러 나라에서 일어났던 **여성 운동**은 그 결정적인 개화를 성취했다. 즉, 참정권과 직업 선택에 있어서의 평등권이 관철되기 시작했다.

o 이미 그 당시 국제적인 회의와 연합과 함께 교회 **일치 운동**이 시작되었고, 이 일치 운동은 제2차 세계대전 이후 세계 교회 협의회와 제2차 바티칸 공의회를 위한 단서가 되었다.

이러한 모든 움직임은 전근대ㆍ"반근대적인" 동기에서 출발하는 "반역"이 아니라 새로운 후기 근대의 총체적인 위상을 지향하는 생산적이고 전진적인 변화의 징후이다. 물론 이러한 움직임에 대한 반작용과 반대 운동이 있었다는 사실을 부인할 필요는 없을 것이다.

나. 파국적인 발전의 결과

새로운 세계 질서를 건설하기 위한 호기는 **1918년 이후** 실패했다. 왜 실패했을까? 미래를 향한 시각과 더불어 20년대 또는 30년대에 있어서 파국적인 발전의 결과에 누가 책임을 져야 할 것인가 하고 아웅다웅하는 것은 별다른 의미가 없다. 아울러 만일 베르사이유 조약을 통해 패전한 독일이 항복하지 아니하고 식민지를 포함하여 유럽이 다르게 개편되었더라면 또한 공산주의와 국가사회주의와 일본의 군국주의 대신 민주주의가 관철되었더라면 오늘의 세계는 과연 어떠한 모습을 띠고 나타났을 것인가 하고 골몰하는 것도 부질없는 일에 지나지 않을 것이다. 여하튼 1, 2차 세계대전, 강제 수용소, 대학살 그리고 핵폭탄에 직면하여 사려깊게 생각하는 사람들 사이에는 다음의 세 가지 사실에 의견의 일치를 보이고 있다.

○ 이탈리아, 스페인, 포르투갈에서의 **파시즘** 그리고 제2차 세계대전과 유태인 박해를 야기시킨 독일의 **국가사회주의**는 근대를 출발시키고 조직화시켰음에도 불구하고 여전히 낭만적이고 반동적이며 국수적인 운동에 지나지 않았다. 이러한 운동은 평화로운 세계 질서의 진행을 정지시켰으며, 5천5백만 인명의 손실(그 가운데 대학살로 살해된 6백만 유태인도 포함된다)을 초래한 전율의 전쟁을 통해 정복된 유럽은 물론 마침내는 독일도 — 1945년 스스로 만든 각본에 의해 파멸되기 전 — 엄청나게 황폐화시켰다.

○ 아울러 내부의 반대자들을 억압하면서 팽창한 일본 **군국주의**(금세기의 시작부터 동북아시아의 패권 세력)도 하나의 착각이었다. 일본은 한국, 만주, 중국 본토 그리고 버마로부터 시작해서 싱가포르를 거쳐 뉴기니아까지 포함하는 동남아시아의 일부를 정복할 수 있었다. 하지만 1945년 무자비한 핵폭탄의 투하로 종전된 후 자신의 섬으로 퇴각하지 않으면 안되었다.

○ 마침내 혁명적인 **공산주의**는 마르크스(K. Marx)와 그의 구상을 부분적으로만 이해했고 실제로는 하나의 반동적인 운동으로 변모해 버렸다. 소련에서는 1917년 3월 혁명(황제의 폐위)과 더불어 많은 것을 약속하는 민주주의 운동이 싹트기 시작했다. 하지만 민주주의 정부는 1917년 레닌(Lenin)의 도착과 함께 잔인하게 도태되지 않으면 안되었다. 레닌의 선거 참패 후(투표자의 24%만이 레닌의 공산당원을 지지했다) 1918년 1월 붉은 군대의 폭력적인 도움으로 첫번째 의회는 해산되고 말았다. 그 결과 드디어 "프롤레타리아 독재"가 조직되었

고, 이 독재는 사실상 프롤레타리아 계급을 포함하여 민중을 지배하는 공산당의 전체주의 독재로서 다른 정당과 온갖 형태의 정파의 조직을 금지하였다. 오늘날 소련의 역사가들도 레닌은 자신의 폭력정치·탈법정치·집단 테러를 이용하여 최초의 근대 전체주의 국가를 창조한 장본인이며 "강제 수용소"라는 공포의 개념을 만들어 낸 고안자라는 사실을 인정하고 있다. 이러한 레닌주의는 이른바 강제 수용소의 전제 조건인 "프롤레타리아 독재", 즉 스탈린주의의 기본 토대를 마련해 주었다. 바로 여기서 하나의 혁명이 발생했으며, 이 혁명은 대중의 이름으로 시작되었지만 엄청난 특권을 누리면서 부패한 공산당 위계 질서(관료주의 색채를 띠는 새로운 계층)에 의해 빈곤과 노예화로 끝장나고 말았다. 이 혁명은 70년 후 "90년대의 인물" 고르바초프(Michael Gorbatschow)의 등장과 함께 공산주의에 입각한 세계의 혁명이라는 이념을 무덤에 파묻어 버렸고, 민주주의라는 엄청나게 어려운 전환기를 위한 실마리를 제공하고 있다. 이러한 전환기를 맞이한 소련에게 자유 서방 국가는 별다른 도움을 주지 못하고 있다.

이러한 모든 움직임은 각자 나름대로의 방법으로 제1차 세계대전 이후 야기된 총체적인 위기를 극복하려고 시도했지만 미래를 향해서는 무능력을 노출시키고 말았다. 이러한 움직임들은 상대적으로 더 나은 세계의 발전을 저지했고, 제2차 세계대전 이후 거의 반세기 동안 — 지금은 약간 퇴색해진 — 미국과 소련이라는 초강대국의 양극적이고도 정치·경제·군사적인 적대주의를 초래했다. 이러한 움직임이 표방하는 슬로건은 미래의 과제를 극복해야 할 세계에 대해 윤리적인 척도를 제공하는 데 있어서 부적당하였다. 그렇다면 오늘의 사정은 어떠한가?

미래가 없는 구호들

가. 국가사회주의

마르크스의 사회 비판과 종교 비판이 지닌 원초적인 정당성[6]에도 불구하고 약자를 위한 도움, 억압받는 자를 위한 사회 정의, 연대성 그리고 자유 등과 같은 고상한 이상의 배후에는 항상 사회주의가 도사리고 있다. 계획 경제, 일당 독재 그리고 국가 안전 기구에 의한 계급 투쟁 등 **국가사회주의적인 마르크스-레닌주의**가 표방하는 구호들은 아무런 미래를 보장해 주지 못하고 있다. 물론 모든 나라의 마르크스주의자들이 이러한 통찰에 따라 편력하는 것은 아니다. 소련은 군사적으로만 강대국이 되었을 뿐이다. 국가에 의해 통제되는 분배 조직을 통한 정의에 대한 희망은, 소련 공산당 10월 혁명 이후의 수십년의 시간이 보여주듯이 현실에 대한 맹목적인 태도라는 것이 입증되었다. 서구에서 1789년의 프랑스 혁명을 기념하듯 1989년은 동구의 경우 전체 민중의 혁명을 초래했고, 그 결과 이미 오래 전부터 무능하고 부패한 정부로 인정받아 왔던 공산주의 정부를 붕괴시켰다. 1990년에는 공산당에 의한 권력의 독점 포기가 발생했고 비록 속도는 아주 느리지만 소련에서는 시장 경제의 도입이 추진되고 있다.

그리고 이제는 아무도 속지 않는다: 잔인한 폭력과 군사적인 권력 정치에 의한 이러한 체제는, 그리고 1953년 베를린에서,

---

6. Karl Marx에 대한 공정한 평가에 대해: vgl. **H. Küng**, EG Kap. C II: "Gott – eine interessenbedingte Vertröstung? Karl Marx".

1956년 부다페스트에서, 1968년 프라하에서, 1970년 그다니스크 등지에서 일어났던 민중 봉기를 잔인하게 진압하고 그 이후의 "정성화"를 결과한 이러한 전제 체제는 1989년 비무장한 군중에 의해 발생한 혁명의 주권에 대항하여 공산주의 친위병들이 탱크를 앞세워 단호하게 대처한 **중국**에서도 자신이 지니고 있는 미래를 향한 무능력의 진면목을 여실히 드러낸 바 있다.

좌절과 체념과 금치산 선고를 받은 처지 그리고 끝내는 철저한 국가 기피증을 초래하는 군대와 비밀 경찰, 이념의 고착화, 전제적인 통제와 관료주의 등이 예를 들어 — 비참한 국가 경제는 물론 오랫동안 억압되어 온 인종 문제를 해결해야 할 — 소련이나 중국과 같은 국가의 미래를 결정하지는 않을 것이다. 소련의 미래는 가능한 한 축소된 연방의 능률적인 경제가 결정할 것이며, 중국의 미래는 참으로 민주적인 중화인민공화국이 결정할 것이다. 아울러 자유롭게 발전되는 학문, 기술, 민주주의 그리고 지성의 자유, 정치적 다원주의, 창조적인 주도권 등이 이들 국가의 미래를 결정할 것이다. 지금까지 사회주의가 지배해 온 지역에서는 인권뿐만 아니라 그동안 소홀히 다루어 온 윤리의 물음에 대해서도 관심을 기울여야 할 것이다. 소련과 중국에 살고 있는 수많은 사람들은 자신들이 무엇을 위해서 일하고 살며 고생해야 하는지를 모른다. 그렇다면 많은 사람들이 생각하는 것처럼 자본주의가 사회주의에 대해 승리한 것일까?

나. 신자본주의

제1차 세계대전 이래 미국은 소련과의 양극적인 대립과 냉전을 통해 승리를 거둔 서구 세계의 정치적·경제적·군사적 선도 세력으로 군림해 왔다. 민주주의의 정신과 자유와 관용이라는 이상은 모든 갈색·적색·흑색 독재보다도 더 강력하다는 사실을 입증해 보였다. 북미는 여전히 막강한 경제적·정치적·윤리적 잠재력을 누리고 있다.

하지만 미국의 우방들 역시 이러한 견해에 따라 편력하는 것은 아니다. 미국 **월-가의 신자본주의자들**이 내건 슬로건은 미국과 그 영향권 아래에 있는 국가를 위해 미래를 보장해 주지 못하는 운명을 지니고 있는 것으로 판명되었다. 이 신자본주의자들은 80년대에 도처에다 탐욕을, 무한한 탐욕을 조장하며 "부자가 되어라, 빚내고 쓰고 즐기라"(Get rich, borrow, spend and enjoy)라는 슬로건을 내걸었다. 영국은 물론 유럽 대륙의 많은 사람들이 이상적인 전형으로 칭송하고 모방한 "레이건 혁명"도 군사적으로나 경제적으로 유일한 강대국인 미국을 사회 붕괴와 과대 무장에로 몰고 갔으며 동시에 쇠퇴시켰다. 세계의 가장 큰 신뢰를 획득하기 시작한 미국은 무기력한 국가로서 모든 스캔들(이란 케이트 등)에도 불구하고 레이건(Ronald Reagan)에 의해 현혹적으로 연출된 대통령 직무 수행 종료 후에는 저율의 저축 이자 배당, 수백억에 달하는 외채 등으로 최대의 채무국으로 변모했다. 이러한 외채는 특히 독일과 일본(경제적으로만 강대국들)의 거대한 신용 수출에 의해 발생했고 지금은 동구와 제3세계에서의 투자를 불가능하게 하고 있다.

그러나 값비싼 대가를 치르는 회사의 인수, 신용 대출에 의한 회사의 매매, 채권의 차관 그리고 80년대 두 차례에 걸쳐 발생한 주식 거래의 공황 이래 여러 가지 형태의 도둑 기사도를 위한 황금기는 이제 지나간 것처럼 보인다. 이러한 주식 거래의 공황은 수많은 회사·은행·금고 등의 파산과 주식 거래소의 중매인에 대한 사법 소송 그리고 수만 명에 달하는 고용인의 해고 현상을 야기시켰다.[7] 아울러 국가의 계획에 대한 맹목적인 신뢰(동구의 경우)뿐만 아니라 동시에 시장의 자기 조정력에 대한 신뢰(서구의 경우) 역시 허약하게 되었다. 수요와 공급이 자동적으로 시장 기능의 균형을 유도하는 것은 아니다. 시장의 기능에 대한 분석은 윤리를 대체할 수는 없다. 다행스럽게도 미국에서는 이기주의에 의한 정치, 탐욕, 증권 거래소의 도박 심리, 소수의 가진 자의 현혹적인 소비, 미국의 경제를 이끌어가는 특권층에 대한 지나친 특혜를 경계하는 목소리가 점점 더 높아지고 있다. 90년대에 들어와 미국의 『타임』지는 1990년 초에 80년대 결산의 대가를 지불해야 할 것이라고 지적한 바 있다.[8]

그러므로 소련에게는 별로 유익하지 못했던 군사와 핵의 초강대국으로서의 역할이 여전히 미국에게도 유익할 것인지 아닌지? 초강대국인 소련을 위기에 빠져들게 한 것은 경제적·사회적 그리고 윤리적 실패였다. 미국과 소련 사이의 역사는 영국의 역사가 케네디[9]에 의하면, 다른 세계 권력에 대한 역사적 체험을 입증해 주는 것으로 보인다. 즉, 상승과 절정 다음에는 고갈과 허탈의 내리막길이 뒤따른다는 것이다. 지금까지 위대한 역사는 위대한 힘보다는 자신이 원하는 것이 무엇인지를 잘 알고 자신의 경제적 능력과 도덕적 능력에 맞추어 진력해 온 소박한 힘에 의

---

7. 미국 뉴욕의 Wall가 금융 시장에서 Dennis Levine, Ivan Boesky와Michael Milken 등에 의해 주도된 사기극은 미국의 수많은 은행, 기업의 연합, 재정 기구들도 이러한 부패 행위에 동참하고 있다는 사실을 현상적으로 드러내 보여주고 있다. 하지만 80년대 미국의 대학에서 강의를 해본 사람은 수많은 미국인들은 "레이건 경제"가 초래한 이러한 결과를 비난하고 있다는 사실을 알게 되었다.

8. 1990년 1월 1일자 *Time* 지 58-60쪽.

9. Vgl. **Paul Kennedy,** The Rise and Fall of the Great Powers, New York 1987; dt.: Aufstieg und Fall der großen Mächte. Ökonomischer Wandel und militärischer Konflikt von 1500 bis 2000, Frankfurt 1989.

해 더 잘 유지되어 왔다. 점점 약화되어 가는 미국의 지도력, 재정 악화, 국방성·내각·의회 등에서 발생하는 수많은 금융과 뇌물의 스캔들에 직면하여, 오랫동안 명성을 누려 온 미국 연방 준비 은행의 의장인 볼커(Paul Volcker)는 "우리 미국이 강력하게 유지되고 우리의 지도력이 계속 보존될 것인지 하는 것은 부분적으로 우리가 정치적인 삶에 있어서 고도의 도덕성과 전문성과 도전을 다시금 회복할 수 있느냐에 달려 있다"[10]고 진술한 바 있다. 그래서 많은 사람들은 탐욕이 서서히 죽어가면 그 다음에는 고결함이 다시금 부활할 수 있다는 것을 희망하고 있다.

진정, 오래된 원수상이 퇴색되고 미국의 전통 국교 구실을 해온 반공주의가 토대를 상실한 다음, 미국의 수많은 정치가들은 사고의 전환 — 반드시 전쟁 준비와 관련된 것은 아니지만 — 을 시도해야 한다. 이러한 사고의 전환은 한편으로는 무의미한 전쟁 준비와 우주 탐사 계획 그리고 다른 편으로는 공공 교육, 사회 복지, 보건 그리고 환경 보존 등의 분야에서 발생하는 엄청난 국가 재정의 적자 등과 관련해서 이루어져야 한다. 국가 재정의 적자는 경제 분야에만이 아니라 동시에 사회·정치·윤리 분야에도 해당된다.

서방을 이끌어가고 있는 강대국들이 직면해 있는 위기는 **유럽도** 포함한 서방 세계 전체의 **윤리적 위기**이자 동시에 유럽의 윤리적 위기이기도 하다. 이러한 위기는 온갖 전통의 파괴, 포괄적인 삶의 의미 파괴, 절대적인 윤리 척도의 파괴 그리고 새로운 목표에 대한 결여와 이 결여로부터 파생되는 심리적인 상처를 의미한다. 오늘날 수많은 사람들이 자신들의 삶에 있어서 어떤 기본 선택에 입각해서 결정을 내려야 할지를, 어떤 우선권과 이상

---

10. **Paul Volcker,** American Leadership: Still Possible, Still Needed, in: International Herald Tribune vom 19.12.1989.

을 선택해야 할지를 모르고 있다. 왜냐하면 지금까지 통용되어 온 기존의 정위 기준과 전통이 이제는 더 이상 통용되지 않기 때문이다. 그 결과 정위의 위기가 폭넓게 확산되고 있으며, 이러한 위기는 작게는 수많은 젊은이들의 좌절, 불안, 약물 중독, 알콜 중독, 에이즈 그리고 범죄와 밀접하게 관련되어 있고, 크게는 정치·경제·노동조합 등의 스캔들과 밀접하게 관련되어 있다. 이러한 스캔들은 자칭 정의로운 사회라고 주장하는 스위스·독일·오스트리아·프랑스·스페인·이탈리아 등지에서도 수없이 발생하고 있다.

요컨대, 서방은 의미·가치·규범의 진공 상태에 직면해 있다. 이 진공 상태는 개인에게만 국한되는 문제일 뿐 아니라 동시에 사회 전체가 시급하게 해결해야 할 문제이다. 서구가 동구의 사회주의 국가들에 대해 최종적으로 승리를 거두었는가 아닌가가 하는 것이 결정적으로 중요한 물음이 아니다. 그보다는 서방이 자초한 엄청난 경제·사회·생태·정치·윤리 문제와 더불어 끝장날 것인가 아닌가 하는 물음이야말로 결정적으로 더 중요하다. 어떠한 경우이든 사고의 전환은 불가피하다. 그런데 어떠한 방향으로 전환되어야 할 것인가? 예를 들어 태평양 지역에서 미국을 제치고 제일의 경제 세력으로 선두에 부상한 일본이 걸어온 방향에로 전환되어야 하는 것일까?

다. "일본주의"

일본은 자신을 폐허로 만들어 놓은 전쟁의 참패에도 불구하고 태평양 지역에서 선진 공업 세력으로 부상했을 뿐만 아니라, 미국과 유럽 이외에 세계 경제를 선도하는 제3의 세력으로 부상했다.

하지만 **일본**이 그 동안 당당하게 세계를 이끌어 오고 미국과 유럽이 자주 경제의 비법으로 추진해 온 바인 **경제적 효율** 그것이 이제는 문제점으로 대두되고 있다. 우리는 일본이 실현한 경탄할 만한 능률과 혁신 능력과 노동 의지를 거부하는 것이 아니다. 일본 자체 내에서도 이제는 경제와 기술이라는 공격 전략의 수단으로 태평양 지역을 뛰어넘어 군사적인 우위 대신 경제적인 우위를 지향하면서 퇴보에 대한 불안을 극복했음에도 불구하고, 80년대 말의 금융과 정치 스캔들 그리고 부패한 의원과 정부 각료의 재선거 이래 1990년대 들어와서는 비판의 소리가 점점 더 확산되고 있다.

일본이 소유하고 있는 부와 잠재력에도 한계가 있기 마련이다. 『아니오라고 말할 수 있는 일본』〔소니 그룹의 아키오 모리타 (Akio Morita) 회장이 쓴 베스트 셀러〕은 자신의 잘못에 대한 용서를 배제하고서 정치적 강대국으로서의 입지를 강화시켰으나, 이미 1990년 2월에 발생했던 일본의 첫번째 주식 공황은 일본 이외의 다른 세계 역시 "아니오라고 말할 수 있고" 엔화에 대한 의존을 기꺼이 포기할 수 있으며, 그 결과 도쿄의 주식 시장이 자부해 왔던 면책특권의 신화가 사라졌다는 것을 인식하는 계기를 마련해 주었다. 이러한 사실을 토대로 해서 무분별한 능률과 효율, 무원칙한 유연성, 무책임한 권위주의적인 통제, 윤리적 전망을 배제한 정치와 경제, 호혜주의를 배제한 무역과 상거래, 죄의식을 배제한 전쟁 책임 등에 대해 일본은 자성해야 할 것이다. 이 모든 것은 장기적으로 볼 때 일본으로 하여금 아시아의 다른 민족이나 유럽 특히 미국의 호감을 얻는 데 어려움을 겪게 만들 것이며, 일본의 미래와 관련된 경제적·사회적·정치적 생존을 위해 매우 중요한 윤리적 토대를 파괴시키는 데 영향을 미칠지도 모른다.

일본을 비판하는 다양한 출판물들은 — 그 중에는 특히 볼페렌스의 『일본이 지닌 힘의 수수께끼』(1989)[11]도 포함된다 — 불쾌하고 심지어는 매우 일방적일 수도 있다. 그러나 이들 출판물들은 일본의 사회·정치 현실에 있어서 일정한 진리와 윤리적 원칙이 내포하는 절대적이고도 보편적인 타당성에 대한 물음을 포함하고 있다. 물론 일본에도 가정과 사회 생활을 지배하는 엄밀한 행동 규범이 분명히 존재한다. 사실 일본은 사회·정치 생활에 있어서 여전히 불교와 유교의 영향을 받은 절대적인 윤리 요구의 지배를 받고 있지 않은가? 아니면 윤리적인 가르침을 거의 발전시키지 못한 의례적인 성격과 조상 숭배의 성격을 띠고 있는 신도가 일본의 모든 정치적 협상과 사회적인 실천을 지배하지는 않으며, 또한 다양한 종교가 지니고 있는 민간 전승에 의한 관습이 일본의 일상과 삶의 한 시기를 — 예를 들어 생일은 신도 예식에 따라, 결혼은 그리스도교의 전례에 따라, 장례는 불교의 의식에 따라 — 지배하는 것이 아닌가? 이 출판물들은 오로지 개인에 대해서만이 아니라 동시에 공업과 고도의 능률을 자랑하는 관료주의와 보수 여당 사이의 강력한 제휴에 의해 움직이고 있는 일본의 정치 체제에 대해서도, 일본이 암암리에 최고 가치로 여기고 있는 종교의 대체물로서의 "일본주의"에 대해서도 질문을 제기하고 있다. 아울러 간접적으로는 "그리스도교" 유럽과 미국이 이론에 있어서는 보편적이고 절대적인 구속력을 발휘하는 윤리를 인식하고 있으나 실천에 있어서는 너무나 자주 실용적인 것과 유사한 성격을 띠는 윤리에 적응하는 "상황 윤리"의 태도를 취하지 않는가라는 물음도 제기하고 있다.

---

11. **Karel van Wolferen,** The Enigma of Japanese Power (1989); dt.: Vom Mythos der Unbesiegbaren. Anmerkungen zur Weltmacht Japan, München 1989, bes. S.23-28.

이와는 반대로 **인도와 아프리카와 아랍 나라들**의 수많은 사람들은 전체적인 서구화를 불신하고 있으며, 문화적인 동질성을 유지하기 위해 자신들의 전통의 일부를 이루는 절대적인 윤리와 종교에 대해서 대단한 자부심을 지니고 있다. 아니면 미래의 세계 공동체는 단순히 하나의 이익 공동체 또는 하나의 거대한 시장으로 머물고 말아야 하는가? 우리는 일본에서는 물론 유럽에서도 근대의 진보가 우리에게 무엇을 가져다 주었으며 무엇을 가져다 주지 못했는가를 비판적으로 성찰해 보아야 할 시점에 도달해 있다.

근대 이념들의 종말

가. 서양이 성취한 업적들에 대한 비판

유럽의 근대 안에서 성취되어 온 서양의 업적들은 세계에 수많은 가치있는 것들을 제공해 주었지만, 이것들이 반드시 좋은 것만은 아니라는 비판이 아시아와 아프리카에서 사실상 널리 유포되어 있다:

○ 과학적인 연구가 야기시키는 남용을 저지하기 위해 **학문은 있으나 지혜는 없다**(왜 일본에서도 공업 생산이 인간적인 소재에는 주목하지 않는가?).

○ 고도의 능률적인 기술이 야기시키는 예측 불허의 위험을 통제하기 위해 **기술은 있으나 정신적 에너지는 없다**(왜 인도와 파키스탄에서도 대중의 비참을 위해 진력하지 못하고 그 대신 원자탄을 생산해야 하는가?).

○ 끝없이 팽창하는 경제를 견제하기 위해 **공업은 있으나 생태학은 없다**(왜 브라질에서는 열대림이 벌목되지 않으면 안되는가?).

○ 갖가지 권력자들과 권력 집단들의 권력에 대한 엄청난 관심에 대응하기 위해 민주주의는 있으나 윤리는 없다(콜롬비아의 마약 조직에 대해, 인도 국민의회당의 참상과 일본 자민당이나 자이레 모부투수 일당의 부패에 대해 도대체 무엇을 할 수 있는가?).

나. 근대 진보 이념의 실상

이 모든 것은 20세기 막바지에 발생한 세계사적 진행 과정의 결과이다. 이러한 세계사의 진행 과정에는 헤겔과 마르크스와 스펭글러에 의해 주창되는 역사적 "필연성"을 수반하는 결정론은 존재하지 않는다. 또한 너무 성급하게 선언된 "역사의 종지부"도 존재하지 않는다. 그 대신 항상 거듭 반복되는 돌연한 방향 전환과 새로운 개방성이 존재한다. 이러한 사실은 지난 200년간 "과학적인" 총체 선언으로서 그리고 매력있는 **유사 종교** 구실을 해온 **근대의 큰 이념들**이 파산되었다는 것을 의미한다. 이것은 물론 소련의 영향권 아래에 있는 동유럽의 혁명적 진보 이념의 파산만이 아니라 서방 세계의 기술적 진보 이념의 파산도 의미한다. 서구의 기술적 진보 이념은 근대에 들어와 새롭게 등장한 이성 신뢰와 자유 의식을 토대로 발전된 이념이며 의심의 여지 없이 대단한 성공을 거둔 이념이다. 하지만 모든 것이 항상 이렇게 진보할 것인가? 무한히 성장할 것이며, 끝없이 진보할 것인가?

영원하고 전능하며 전선한 **진보**, "더 많이, 더 좋게, 더 빨리"라는 준엄한 계명을 요구하는 근대 이념의 이 위대한 신은 그 숙명적인 이중성을 드러내었고, **진보 신앙**은 그 확실성을 상실했다. 이제는 그 자체 목적으로서의 경제적 진보는 **비인간적 결과**를 촉진시키고, 과학자들에 의해 가끔 과학의 진보에 수반되는 외적인 효과로 지적되는가 하면, 경제학자들에 의해서는 경제의 성장에 수반되는 외적인 효과로 지적되고 있다는 의식이 보편화되고 있다. 경제적 진보는 비록 첫째 자리를 차지하는 효과라 할지라도 — 시간적 서열로는 둘째 또는 셋째이지만 — 인간의 **자연 환경을 파괴**하고, 그 결과 대규모의 **사회적 불안**을 초래하고 있다. 매일 대중 매체를 통해 자원 고갈, 교통 문제, 환경 오염, 삼림 파괴, 산성 비, 온실 효과, 오존층 구멍, 이상 기후, 쓰레기 공해, 인구 폭발, 대량 실업, 제어 불능, 외채 위기, 제3세계 문제, 과대 군비, 핵 죽음 등의 표어들이 반복되고 있다. 기술이 가져다 준 위대한 승리와 재난이 공존하고 있다. 그러므로 우리는 재난을 예고하는 암울한 예언자와 심각한 비관론자가 될 필요도 없이 **현재의 진보 사회가 자기 파멸**의 위협에 직면하고 있다는 사실을 확인할 수 있다.

진보 사고가 내포하고 있는 위기는 그 핵심에 있어서는 **근대 이성 이해의 위기**이다. 귀족과 교회, 국가와 종교에 대한 계몽주의적 이성 비판은 18세기부터 고조되어 왔고 드디어는 이성의 자아 비판(칸트의 비판)이라는 결과도 낳았다. 그러나 항상 자신을 절대화시키고 모든 것을 합리화하도록 강요하는 이성은 (주관성의 자유와 결합되어) 어떠한 우주와도 매여 있지 아니하고 아무것도 신성시하지 않으며 끝내는 자기 스스로를 파괴시킨다. 이러한 분석적인 이성은 오늘날 총체적인 출발점으로부터 자신의 정당성을 신문받도록 강요받고 있다. 어제의 최고 판관이 오늘은 피고로 전락하고 말았다.[12] 오래 전부터 세계를 기름이 잘 쳐진 기계로 여겨 왔던 자연과학의 경우에도 ─ 아인슈타인(Einstein)의 일반 상대성 이론과 하이젠베르그(Heisenberg)의 양자 역학 그리고 소립자의 발견 이래 ─ 전체적인 사고가 관철되기 시작했고 그 결과 근대의 고전적인 역학 물리학에 대한 징후의 변화가 일어나기 시작했다.[13] 이로써 자연에 대한 지배 대신 자연과 인간 사이의 "새로운 계약"(Ilya Prigogine)[14]이 체결되었다.

---

12. Vgl. **M. Frank,** Die Rettung des Individuellen. Zwei Jahrhunderte Rationali-täts-Kritk und ihre "postmoderne" Überbietung, in: Schwäbisches Tagblatt vom 6.6.1987.

물론 아무도 진보를 원칙적으로 거부하지는 않는다. 다만 미국·일본·유럽에 있어서 공업 기술의 진보가 인간의 절대적인 믿음을 강요하는 절대적인 가치로 우상화된다는 데 문제가 있다. 결정적으로 중요한 것은 기술과 공업이 인간을 창조 — 유전 공학을 통해 — 하여 인간으로 하여금 이 기술과 공업에 적응하도록 하지 않고, 오히려 기술과 공업이 인간에게 적응할 준비가 되어 있는가 하는 것이다. 이로써 우리의 진보, 과학, 기술, 경제 그리고 사회는 어떤 의미를 지니고 있는가 하는 물음이 대두된다. 이 물음에 대한 해답은 고착된 체제의 피안에서 추구되어야 할 것이다.

다. 공산주의와 자본주의의 피안

서로 적대 관계를 유지하고 있는 **공산주의(사회주의)와 자본주의(자유주의)**라는 근대의 전형적인 두 사회 체제는 희망을 보장해 주지 못하는 **한물간** 낡은 체제로 이해되어야 한다. 도처에서 다른 의미로 이해되고 있는 공산주의와 자본주의라는 개념은 의심의 여지 없이 내용이 텅 빈 껍질만 남아 있는 단어가 되어 버렸다. 물론 이러한 개념은 이제는 아마도 중국이나 알바니아 같은 전제적 공산주의 국가 또는 남미의 몇몇 자본주의 국가가 드러내고 있는 본연의 모습 안에서만 존재하고 있다. 실제로 고전적인 의미의 자본주의는 사회주의적인 구성 요인에 의해 수정

---

13. Vgl. **F. Capra,** The Turning Point (1982); dt.: Wendezeit. Bausteine für ein neues Weltbild, Bern ⁶1983.

14. Vgl. **I. Prigogine – I. Stengers,** La Nouvelle Alliance. Métamorphose de la science, Paris 1979; dt.: Dialog mit der Natur. Neue Wege naturwissenschaftlichen Denkens, München 1981.

되었다. 고전적인 의미의 사회주의(마르크스주의)는 자신을 수정할 수밖에 없다고 주장했음에도 불구하고 말이다. "사회주의"라는 단어는 — 사회주의는 항상 집단적인 형태를 띠고 있다 — 미래를 멀리 내다보는 사람들 사이에서 오래 전부터 자유 "사회-민주주의"에 의해 대체되었다. 하지만 자본주의라는 개념은 — 항상 개별적이고 착취하는 방향으로 정위되어 있다 — "사회적인 시장경제"에 의해 대체되었다. 그러므로 계획 경제와 자본주의적인 시장 경제의 피안은 — 이러한 경제의 경우 자본에 대한 관심이 우선권을 향유하지만 자연과 노동의 필요성은 소홀하게 취급된다 — 사회적으로 그리고 생태학적으로 조정되는 시장경제를 목표로 삼고 있다. 이러한 시장 경제를 통해 한편으로는 자본의 이익(효율과 이윤)과 다른 편으로는 사회적 관심과 경제적 관심 사이에 항상 새로운 타협이 시도된다. 그 결과 **경제-사회적 시장 경제**를 목표로 삼게 된다.

서구는 물론 동구를 위해서도 하나의 새로운 합의가 이루어지고 있는 것처럼 보이고, 이 새로운 합의는 다른 세계를 위해서도 하나의 신호로 작용하고 있다. 즉, 사회민주주의와 사회적 시장 경제는 서로가 서로를 배제하기보다는 오히려 서로를 수용하고 있으며, 그 결과 보수 정당과 자유주의 정당들 역시 해결하지 않으면 안될 나름대로의 고민을 안게 되었다. 실제로 우리는 국가적으로 보장된 자유주의 사회 국가와 더불어 세계의 도처에서 혼합 체제를 향해 움직이고 있으며, 좀더 정확하게 주시해 보면 **후기 자본주의와 후기 사회주의 위상**을 향해 움직이고 있다. 이러한 상황을 위해 지난날의 낡은 이념들은 아무런 처방도 마련해 주지 못하고 있다. 우리는 물론, 이미 분명하게 드러난 것처럼, 새로운 개방성과 함께 우리를 위협하는 새로운 위험에 직면하고 있다는 사실을 의식하지 않으면 안된다.

한계의 체험과 개혁의 출현

가. 위기 예방의 불가피성

우리는 다음 사태들을 간과해서는 안된다. 즉, 기술 진보가 야기시킨 속도는 너무 가속화되었고, 그 결과 이 진보는 정치적인 형태를 계속 추월하려고 위협하고 있다. 이러한 가속화는 마치 사냥개가 포획물을 추격하듯이 기술의 발달을 위한 입법을 부추기고 있다. 이러한 상태는 물론 견디기 어려운 불화를 초래하고 있다. 우리를 열광시킨 수많은 기술 진보에 대한 기대감은 스스로 환멸을 겪게 되었고, 수많은 기술 발달의 결과는 갈등의 초래를 입증해 보였다. 그렇기 때문에 자연과학 기술의 연구 결과를, 미래를 예측하고 과학적으로 확실한 기초 위에 근거하면서 정치적·실천적으로 전환시키는 시각에서 평가하는 수단이 절실하게 요구되고 있다.

지금까지 인간의 윤리적 행위를 반성하는 윤리는 거의 대부분 그리고 언제나 한걸음 늦게 도착하였다. 너무 자주 우리는 우리가 어떤 무엇을 할 수 있게 되고 **나서야 비로소** 우리에게 무엇이 허용되는가 하고 물어 왔다. 미래를 위해서는 우리가 어떤 무엇을 할 수 있고 만들기 전에 무엇이 우리에게 허용되는가를 알아야 하는 것이 매우 중요하다.[15] 그러므로 항상 시대와 사회의

---

15. Vgl. **D. Mieth,** Moral der Zukunft – Zukunft der Moral?, in: Kirche in der Zeit. Walter Kasper zur Bischofsweihe, hrsg. von H. J. Vogt, München 1990, S.198-223.

조건에 예속되어 있는 윤리는 단지 위기를 예방하는 역할의 수행에 그쳐서는 안된다. 반사경을 통해 자신이 걸어온 길을 자꾸만 뒤돌아보기만 하는 자는 앞으로 가야 할 길을 놓치기 십상이다. 윤리는 최악의 가능성을 염두에 두는 위기 진단이라는 수단의 도움으로(H. Jonas) **위기 예방**에 기여해야 한다. 시대를 이끌어가는 윤리학자들은 오늘날 우리가 **예방 윤리**를 필요로 하고 있다는 사실에 의견 일치를 보이고 있다. 이 예방 윤리는 먼저 공업의 생산 현장에서가 아니라 (최고의 효과를 도출하는 핵기술 또는 유전공학의) 실험실에서 출발해야 한다. 즉, 과학적인 반성 그리고 과학적인 우선권을 주장하는 실험의 현장에서 출발해야 한다.

나. 창조 가능성의 한계 체험

우리가 맞이하게 될 새로운 세계는 고도의 위험을 포함하는 **기술적 한계 체험**에 의해 그 성격이 규정될 것이라는 사실은 이미 잘 알려져 있다. 시대의 변혁을 암시하는 새로운 한계 체험은:

① **원자력**의 이용에서 분명하게 드러날 것이다. 이 원자력은 평화적인 목적 또는 군사적인 목적에 이용될 수 있을 것이며, 지리적인 전략에 입각한 공격 그리고 반격을 통해 인류의 자기 파멸이라는 결과를 초래할 수도 있다.
② **통신 기술**(정보학 + 전자 통신 = 전자 정보학)의 실현에서 드러날 것이다. 이 통신 기술은 개인으로서는 더 이상 도저히 극복할 수 없을 정도의 엄청난 정보의 대량 유출을 초래하며, 그 결과 개인으로 하여금 방향 감각을 완전히 상실하도록 할 것이다.

③ 세계 주식 시장과 세계 금융 시장 그리고 이른바 동시적인 **전 지구적 증권 거래** 과정에서 드러날 것이다. 이러한 진행 과 정은 온갖 통제를 벗어나 수분 이내에 전 대륙의 통화 조직과 경제 조직의 총체적인 불안을 야기시킬 것이다.

④ **유전 공학**의 발달에서 드러날 것이다. 유전 공학은 학문적인 공명심과 비학문적인 이익 추구에서부터 출발하여 ― 유전 공 학의 프로젝트에는 무려 30억 달러가 투입된다고 한다 ― 인 간과 인간의 유전 인자에 대한 괴이한 조작을 초래할 위험을 안고 있다.

⑤ **의학 기술**의 발달에서 드러날 것이다. 의학 기술은 인간의 존엄성에 상응하는 생식과 태아 취급에 대한 물음은 물론 인 간의 존엄성에 상응하는 죽음과 죽음에로의 적극적인 협력이 라는 물음을 제기한다.

⑥ **지구의 남-북 분열**에서 드러날 것이다. 제3 세계와 제4 세 계의 비참한 빈곤과 더불어 외채는 80년대에 들어와서 4백억 달러에서 1,300억 달러로 증가하였다. 거의 8백만 명에 이르 는 아프리카와 라틴아메리카의 어린아이들이 1990년에만도 기본 식량의 부족과 예방 접종의 부족으로 죽어갈 것이라고 한다.

이러한 사실을 지적하면서 필자는 신학자로서 광기로 가득 찬 우 리의 창조 가능성이 내포하고 있는 묵시문학적인 전율의 장면을 설계하여 이로써 그리스도교 또는 그리스도교의 교회들로 하여금 이 모든 악을 구원할 수 있는 구원자로서 등장시킬 의도는 추호 도 없다. 왜냐하면 후기 근대의 출현을 위한 전제 조건을 구성하 고 있는 근대의 세 가지 혁명이 지닌 **긍정적인** 측면들을 간과한 다는 것은 불가능하기 때문이다.

다. 후기 산업사회

17세기에 일어난 **과학-기술** 혁명 이후 그리고 18세기에 발생한 **사회·정치** 혁명(미국과 프랑스의 혁명) 이후에 19세기에는 **산업 혁명**이 뒤따라 발생했다. 산업 혁명은 영국을 출발점으로 삼아 모든 유럽과 북미의 국가 그리고 일본에 이르기까지 영향을 미쳤으며, 그 결과 이들 국가의 도처에서는 정적인 농업 경제 대신 근대 산업 사회가 출현하게 되었다. 1차 산업 혁명 이후 인간의 육체 노동을 기계와 기계화를 통해 대체시킨 — 동력, 전기, 화학 — 제2차 세계대전 이후에는 2차 산업 혁명이 발생했다.[16] 2차 산업 혁명은 인간의 두뇌 노동을 기계적으로 — 컴퓨터와 전자 통신을 통해 — 강화하거나 아니면 대체시켰다. 인간 삶의 특수 영역뿐 아니라 사회적 삶의 전체 영역에까지 침투하는 이러한 혁신적인 기술 공학의 발달과 함께 — 전자공학, 소형화, 디지탈화, 소프트웨어 — 옛날에는 환상적으로 보이기까지 하던 인류의 유토피아가 실현된 것처럼 여겨지고 있다.

후기 산업 사회는 이미 후기 근대 안에서 배태되어 있었다. 후기 산업 사회는 단지 "자유 사회" — 미국의 사회학자 데이빗 리즈먼이 벌써 50년대에 사용한 표현이다[17] — 만으로 이해되어서는 안된다. 후기 산업 사회는 다니엘 벨[18]에 의하면 우선 다음과 같은 측면을 포함할 수 있는 전체 사회 구조의 변화로 이해되어야 한다:

---

16. **N. Wiener,** The Human Use of Human Beings. Cybernetics and Society (1950), dt.: Mensch und Menschmaschine, Frankfurt 1952.

17. Vgl. **David Riesman,** Leisure and Work in Post-Industrial Society, in: Mass-Leisure, hrsg. von E. Larrabee und R. Meyersohn, Glencoe 1958, S.363-385.

— 경제에 있어서: 생산 경제(1차와 2차 산업 분야인 농업과 공업)보다는 서비스 경제(3차 산업 분야인 무역·수송·보건·교육·교양·연구·관리)의 우위
— 기술에 있어서: 이론 지식과 새로운 지적 기술의 중심적 위치
— 사회 구조에 있어서: 새로운 기술 엘리트들의 탄생과 제품을 생산하는 사회로부터 정보와 지식사회에로의 전이

지금까지 인간의 존엄성에 상응하는 목표가 발생하리라는 낙관론적인 모든 기대는 실망으로 변하고 말았다. 즉, 인간의 살인적인 공격 욕구와 파괴 욕구는 여전히 남아 있고, 구시대의 적대감이 도태되고 나면 새로운 적대감이 발생할 것이다. 매일 "서양의 몰락"(O. Spengler)을 기다리던 비관주의적인 이상주의자들 역시 거부되었다. **더 큰 생태학적 재난이 가능**하겠지만 그러나 **동시에** 인류의 생존을 가능케 할 **개혁이 출현**할 징후도 엿보인다.[19] 개혁의 출현이 가능한 중요한 분야로서는,

① **군사 장비의 전환**: 군비 경쟁 대신 민간 분야에 대한 인력과 기술의 전환,

② **생태 공학**: 쓰레기 더미 대신 쓰레기의 재생과 환경 보호 차원의 처리,

③ **에너지 저장 기술**: 채굴된 자연 연료의 소비 대신 태양열 이용 기술의 개발,

18. Vgl. **Daniel Bell,** The Coming of Post-Industrial Society. A Venture in Social Forecasting, New York 1973, bes. S.29-56.374-376; dt.: Die nachindustrielle Gesellschaft, Frankfurt 1976. Vgl. A. Touraine, La société post-industrielle, Paris 1969; dt.: Die postindustrielle Gesellschaft, Frankfurt 1972.

19. Vgl. **P. Oertli-Cajacob** (Hrsg.), Innovation statt Resignation. 35 Perspektiven für eine neue Zeit, Bern 1989, Fünfter Teil: Einblick, Überblick, Ausblick, S. 351-372.

④ **핵 융합**: 핵 분열 대신 핵 융합,

⑤ **신소재의 발견**: 환경을 파괴시키고 오염시키는 소재 대신 환경을 보호하는 소재의 발견

등이 고려의 대상이 될 수 있을 것이다.

생산의 개혁으로서는 사회의 동반자적인 구조, 교육·경제·정치 분야에 노인들을 적극적으로 통합시키는 새로운 사회 구조 등을 포함하는 **사회의 개혁**도 가능할 것이다. 이 모든 것은 가속화되어 가고 있는 세계 경제의 역동성에 직면해서 점점 더 평화를 지향하는 생태학적인 경제의 출현을 가능케 할 것으로 보인다. 아니면 이 모두가 단지 환상에 불과한 것인가?

라. 후기 근대의 출현

유럽의 대혁명이 발생한 1989년은 많은 민중들에게는 희망과 용기를 불러일으켰다. 제2차 세계대전 이래 처음으로 전쟁 없는 세계뿐 아니라 동시에 **평화롭고 협력하는 세계를 위한 구체적인 가능성들**이 엿보이기 시작했다. 모든 긴장과 새로운 민족적이고 종교적인 적대감 그리고 항상 폭발의 가능성을 안고 있는 다툼과 분쟁에도 불구하고 모든 이들의 진보의 관심사를 고려하는 총체적인 협력의 가능성은 이제 더 이상 비현실적인 환상으로만 보이지는 않는다. 왜냐하면:

○ 이제 군사적인 것은 점점 배후로 퇴장하고, 동·서간의 냉전 시대는 물론 두 강대국에 의한 세계 지배라는 잠정적인 국면도 끝나 가고 있으며, 아울러 동·서방의 정치적 위상도 제2차 세계대전 이후 유리한 국면으로 전개되고 있기 때문이다.

ㅇ 수십억 달러 · 루블 · 마르크 · 프랑 등의 막대한 재정이 군비
유지의 축소로 말미암아 민간 분야에로 전용될 수 있기 때문
이다.[20]

ㅇ 동방 진영의 국가들은 제2차 세계대전의 종전 이래 처음으로
서방의 발전에 합류할 기회를 포착하게 되었고, 천천히 대중
복지의 향상이라는 목적과 함께 자신들의 고유한 경제적인 수
준을 높이려는 노력을 시도하고 있기 때문이다.

ㅇ 미국과 연합하는 유럽을 포함하는 서방은 자신의 영역 안에서
특히 농업 경제와 사회 정책, 주택 건설과 보호주의 무역 정
책 그리고 국가의 재정 적자와 관련해서 개혁을 관철시킬 기
회를 포착하게 되었기 때문이다.

ㅇ 동 · 서의 긴장 완화로 여유를 가지게 된 힘은 마침내 남 · 북
의 사회 · 경제적인 위기를 극복하는 방향으로 선회할 수 있
고, 아울러 전지구적인 생태적 위기를 극복하는 방향으로 선
회할 수 있기 때문이다.

헤겔의 "예술 철학", 코예프(Alexandre Kojève)의 헤겔 연구 또는
미국인 후쿠야마(Francis Fukuyama)의 정치 사고 등을 통해 거듭
예고되고 있는 "역사의 종말"에 대해서는 더 이상 아무런 흔적도
찾아볼 길이 없다. 오히려 더 절박하게 물음만이 제기된다. 어떤
목표가 의미있고, 어떤 가치가 공동의 동의를 얻어낼 수 있으며,
어떤 확신이 확고한 기초 위에 근거하고 있는가라는 물음들이 제
기되고 있다. 이러한 물음은 사회과학자와 철학자와 신학자들만
을 위한 물음이 아니다. 이 세계의 움직임에 동참하고 있는 모든

---

20. 미국의 상원에서 제안된 것으로서, 1989년의 국방 예산(125억 달러) 가운
데에서 1%만을 동구 유럽의 재건을 위해 전용한다면 약 12억 5천만 달러
를 전용할 수 있게 될 것이다.

사람을 위한 물음이기도 하다. 이러한 물음은 개별적인 목표, 개별적인 가치, 개별적인 확신만을 관심의 대상으로 주목하지 않는다. 또한 피상적으로 과대 포장하여 낙관주의적인 색채를 띠고 부각되는 "대경향 2000"만을 ― "복지 국가의 종말"(대처리즘)과 "개인주의의 개선" 안에서 그 절정을 이루고 있다[21] ― 관심의 대상으로 주목하지도 않는다. 오히려 이러한 물음은 ― 가속화되어 가고 있는 문명의 변화에 직면하여 ― 근본적으로 세계 질서에 대한 현실적인 평가와 장기적인 변화, 즉 **근본적인 방향 정위**, 하나의 새로운 **대징후**, 하나의 새로운 후기 근대의 **총체적 위상**을 관심의 대상으로 주목한다.[22] 필자는 이러한 세계 질서의 변화를 종합적으로 묘사해 보고자 한다.

---

21. Vgl. **J. Naisbitt ‒ P. Aburdene,** Megatrends 2000. Ten New Directions For the 1990's, New York 1990; dt.: Megatrends 2000. Zehn Perspektiven für den Weg ins nächste Jahrtausend, Düsseldorf 1990. In: Kap. 8, 339쪽. "Megatrends 2000"에 대한 비판: **L. Niethammer,** Erdbeertunke des Optimismus, in: Der Spiegel Nr. 16 / 1990, S.237-241.

22. "징후" 개념에 대해서는: Vgl. **H. Küng,** EG (1978!) Kap. A III, 1; ThA Kap. B II-IV. **"Paradigmenwechsel"** ‒ 미국의 과학 역사학자, **Thomas S. Kuhn,** The Structure of Scientific Revolutions, Chicago 1962; dt.: Die Struktur wissenschaftlicher Revolutionen, Frankfurt ^{2}1976.

후기 근대에 떠오르는 세계 위상

가. 후기 근대의 총체적 위상의 차원들

우리는 1, 2차 세계대전 이래 인류가 근대로부터 후기 근대로 건너가는 징후의 변화, 즉 대중의 의식 안으로 출현하기 시작한 총체적 위상의 변화에 의해 파악되어야 한다는 사실을 이미 고찰한 바 있다. 우리의 새로운 시대가 어떤 이름(예를 들어 "종교개혁"이나 "계몽주의"처럼) 또는 별칭(예를 들어 "바로크", "로코코"처럼)으로 명명될는지 현재로서는 알 수 없다. 그럼에도 불구하고 대리 개념인 "후기 근대"는 이미 적극적인 개념의 규정에 의해 대체되고 있다. 온갖 반작용과 변칙적인 경향과 예상되는 위기에도 불구하고 후기 근대의 세계 상황은 점점 더 분명하게 다음과 같은 측면을 암시해 주고 있다.

○ 지정학적으로 볼 때 후기 근대는 **후기 유럽 중심적** 위상의 측면을 드러내고 있다. 이전에는 서로 경쟁을 하는 유럽의 5개국 — 영국, 프랑스, 오스트리아, 러시아, 독일 / 프로이센 — 에 의해 세계는 지배되었다. 오늘에 이르러 우리는 북미, 소련, 유럽 공동체, 일본, 중국, 인도 등 **다양한 세계 지역의 다중심적 위상**과 대면하고 있다.

○ 대외 정책적으로 볼 때 후기 근대는 **후기 식민주의적**이며 **후기 제국주의적**인 세계 사회라는 측면을 드러내고 있다. 구체적으로는 국제적으로 협력하는 **진정한 의미의 국제 연합**

의 측면을 드러내고 있다.

o 경제 정책적으로 볼 때 후기 근대는 **후기 자본주의적**이고 **후기 사회주의적**인 경제를 발달시키는 측면을 드러내고 있다. 우리는 이러한 경제를 **경제·사회적 시장 경제**라고도 부를 수 있을 것이다.

o 사회 정책적으로 볼 때 후기 근대는 점점 하나의 **후기 산업적**인 사회를 형성하여 가고 있으며, 후기 산업 사회는 개발 도상 국가들을 **서비스 산업**과 **통신 사회**로 유도하여 갈 것이다.

o 집단 정책적으로 볼 때 후기 근대는 세대의 관계 안에서 **후기 가부장 체제적**인 특징을 드러낼 것이다. 가정, 직업생활 그리고 공적인 장소에서의 **남자와 여자의 동반자적 관계**가 점점 더 분명하게 발전될 것이다.

o 문화 정책적으로 볼 때 후기 근대는 **후기 이념적**인 문화를 지향할 것이다. 앞으로는 **다원적이고 총체적으로 지향되는 문화**가 창출될 것이다.

o 종교 정책적으로 볼 때 후기 근대는 **후기 교파적**이며 **종교 교류적**인 세계의 특징을 드러내게 될 것이다. 점진적으로 그리고 힘겹게 **다교파 일치 운동적 세계 공동체**가 발달될 것이다.

이렇게 삶의 세계, 노동의 세계, 문화의 세계, 국가의 세계를 아우르면서도 이러한 신기원을 이루는 징후의 변화가 새로운 가치 창출에 관심을 집중시키지는 않고 있다. 그러나 바로 여기서야말로 문화를 비관적으로 관찰하는 태도가 본질적인 것을 쉽게 간과할 수 있다는 사실을 통찰할 수 있다.

나. 가치 파괴 대신 가치 변화를

이러한 징후의 변화는 필연적으로 가치의 파괴를 포함하지는 않지만 근본적으로는 **가치의 변화**를 포함한다.[23] 즉,

○ 윤리적 책임을 배제하는 **과학**으로부터 윤리적 책임을 인정하는 과학에로
○ 인간을 지배하는 **기술** 지배로부터 인간의 인간성에 기여하는 기술 공학에로
○ 자연을 파괴하는 **산업**으로부터 자연과 일치하는 인간의 관심사와 욕구를 증진시키는 산업에로
○ 형식적인 **민주주의**로부터 자유와 정의를 통해 화해하는 생생한 민주주의에로

의 가치 변화를 포함하고 있다.

이러한 사실로부터 과학, 기술, 산업 그리고 민주주의를 회피하며 **역행하는 것이 아니라,** 오히려 과거의 절대적인 권력 대신 지금의 상대적인 권력과의 연합을 **동반하는** 사회적 변화가 중요하다는 것이 드러난다. 근대의 산업이 높이 평가하는 일련의 특별한 가치들, 예를 들면 근면성 · 합리성 · 질서 · 철저함 · 정확성 · 공정성 · 능률성 · 효율성 등은 단순히 폐기되어서는 안된다. 그 대신 새로운 상황에로 새롭게 해석되어야 한다. 그리고 후기

---

23. Vgl. dazu **K.-H. Hillmann,** Wertwandel. Zur Frage soziokultureller Voraussetzungen alternativer Lebensformen, Darmstadt ²1989. **D. Mieth und J. Pohier** herausgegebene Themen-Heft "Werte und Tugenden im Wandel" der Internationalen Zeitschrift für Theologie", Concilium 23 (1987) Heft 3은 현재의 윤리적 문제를 다루고 있다.

근대가 높이 평가하는 새로운 가치들, 예를 들어 상상력·감수성·정감·다정·온화·인간성 등의 가치와 조화를 이루어야 한다. 그러므로 비난과 저주가 아니라, 대응 균형·대응 계획·대응 제안·대응 조정·대응 운동 등이 중요한 것이다.

다. 총체적 시각

변모된 물리학으로부터 출발해서 양자택일의 방법론에 직면해 있는 의학을 거쳐서 인본주의적인 심리학과 새로운 환경 의식에 이르기까지 현대에는 총체적인 사고가 강하게 대두되고 있다. 이 총체적인 사고는 유럽-미국의 사고와 아시아의 사고 사이에 균형의 유지를 가능하게 한다.[24] 오늘날에는 — 합리적 체계 이론가(N. Luhmann), 해석학적 철학자(G. Gadamer), 심각한 미래학자(R. Jungk, E. Laszlo), 신시대의 개척자(F. Capra) 등의 의견 일치가 가능하다 — 인간의 합리적인 경향과 감성적인 경향은 물론 심미적인 경향 사이의 균형이 요구되고 있다. 즉, 다양한 차원에 직면한 인간과 세계에 대한 총체적인 시각이 요구되고 있다. 왜냐하면 경제적·사회적·대응 정치적인 차원과 더불어 인간과 인류의 심미적·윤리적·대응 종교적인 차원이 공존하고 있기 때문이다.

인간의 사회 역시 다차원적이고, 우리는 오늘날 복잡하게 얽혀 있고 역동적이며 총체적인 맥락에 대해 태도를 표명하지 않으면 안된다. "총체화" 또는 "일치화" — 식사와 음료의 관습을 비롯해서 유행과 대중 매체는 물론 시멘트 건축에 이르기까지 동일화

---

24. Vgl. **O. Weggel,** Die Asiaten, München 1989, S.38-53: Der eigentliche Unterschied zum Westen: Ganzheitlichkeit oder Harmonie.

를 시도하는 것 — 를 지향하는 모든 경향에 직면하여 문화적 · 언어적 · 대응 종교적인 자기 주장이라는 반대 경향이 나타난다고 할지라도 이러한 총체화와 일치화의 경향을 문화적인 국수주의, 언어적인 편협주의, 종교적인 전통주의로 평가절하해서는 안될 것이다.

필자의 관심사는 새로운 단일 이념을 선택하는 데 있는 것이 아니다. 또는 사회적 이상향을 지향하는 새로운 전지구적인 계획을 제시하자는 것도 아니다. 그보다는 근대가 지니고 있는 곤경을 극복하여 미래를 위한 길, 즉 후기 근대의 길을 소박하게나마 찾아보자는 데 있다. 필자는 좌우에 박혀 있는 쐐기를 이미 충분할 만큼 헤쳐 왔고 그 결과를 여기서 종합적으로 제시할 수 있다고 생각한다.

라. 반근대도 초근대도 아닌
근대의 "지양"을

지금까지 제시한 의미의 후기 근대는 실제로 파괴되어 버린 후기 근대의 모습을 드러내는 **극단적인 다원주의 또는 상대주의** — 리오타드,[25] 웰쉬[26]가 말하는 진리, 정의, 인간성의 다양성 — 를 의미하는 것이 아니다. 임의성, 다채성, 모든 것의 혼합, 사고의

---

25. **J. F. Lyotard**는 필자가 보기에는 부당하게 Jürgen Habermas의 "논증 윤리"에 대해 시비를 걸고 있다. Vgl. dazu **M. Frank,** Die Grenzen der Verständigung. Ein Geistergespräch zwischen Lyotard und Habermas, Frankfrut 1988.

26. **W. Welsch,** Unsere postmoderne Moderne, Weinheim ²1988, S.4f.; vgl. S.5: "prinzipieller Pluralismus". – Auf dem 2. Bertelsmann-Colloquium "Die Zukunft der Grundwerte" (Gütersloh 17. / 18.2.1989).

방향과 양식의 부재, 방법론적인 무차별주의, "모든 것이 허용된다"는 윤리주의 등이 후기 근대의 특징일 수는 없다. 이러한 점에서 근대에 대한 보수주의적인 비판은 — 예를 들어 슈페만[27] — 전적으로 정당한 것이다.

아울러 후기 근대는 우리가 살고 있는 **세계에 대한 획일적인 해석**을 목표로 삼을 수는 없다. 총체성과 통합성이라는 의미의 전체성, 근대 이전의 교회 통합주의, 건축 양식에 있어서의 후기 근대적인 고전주의, 철학에 있어서의 본질주의와 신아리스토텔리즘[28] 등도 후기 근대를 드러내는 특징일 수는 없다. 새롭게 등장하는 징후의 내부에는 다양하고 이질적인 삶의 설계, 행위의 규범, 언어의 놀이, 삶의 양식, 학문의 구상, 경제 체제, 사회 모델 그리고 근본적으로 사회의 동의를 배제하지 아니하는 신앙 공동체가 존재할 것이다.

후기 근대란 건축의 양식을 낭만적으로 꾸미는 작업을 의미하는 것이 아니다. 동시에 사회적·경제적·정치적·문화적 그리고 종교적 조직을 구제해 줄 수 있는 이론을 의미하는 것도 아니다. 계속 발전의 과정에 있는 후기 근대는 **새로운 세계 위상 안에서** 적극적으로 **인간적이고 통합적인 확신에 대해 새로운 기본 동의**를 추구한다. 이러한 확신의 바탕 위에 민주적이고 다원적인 사회가 절대적으로 의존하고 있다. 그것만이 민주사회가 생존하는 길이고 이러한 생존에 있어서 근본적으로 다음의 사항이 고려되어야 한다.

---

27. Vgl. **R. Spaemann,** Ende der Modernität?, in: Moderne oder Postmoderne? Zur Signatur des gegenwärtigen Zeitalters, hrsg. von P. Koslowski, R. Spaemann, R. Löw, Weinheim 1986, S.19-40.

28. Vgl. **P. Koslowski,** Die Baustellen der Postmoderne — Wider den Vollendungszwang der Moderne, aaO, S.1-16. Zit. S.9.

① 후기 근대란 **반근대**를 의미하는 것이 **아니다!** 종교에 대한 과거의 반근대주의는 신기원을 이루는 시대가 안고 있는 위기를 극복하는 데 아무런 기여도 못할 것이다. 또한 옛것을 위한 보수적인 선입견도 아니다. 계획적으로 계몽주의를 반대하며 교회의 복고를 요구하는 모든 형태는 거부되어야 한다. 전근대적인 의미에서 "쇄신된 그리스도교 유럽"은 다른 신앙인들과 비신앙인들을 따돌렸고, 이것은 성직주의의 자기 기만이 낳은 결과였다. 그리고 유럽의 영적 쇄신이 매우 절실하게 요구되고 있는 그만큼, 가톨릭과 프로테스탄트와 희랍 정교 사이의 장벽을 허물지는 않은 채로 유럽의 영적 일치를 지향하는 역방향의 유토피아와 여기서 비롯되는 가톨릭의 "유럽 재복음화"라는 교회 복고 계획은 — 1982년 교황 요한 바오로 2세는 이 계획을 중세기의 순례지 꼼뽀스텔라(Santiago di Compostela)에서 그리고 1990년에는 프라하(Prag)에서 교회의 순명을 강조하면서 다시금 천명한 바 있다 — 처음부터 실패할 수밖에 없는 것으로 판단된다. 왜냐하면 이러한 계획은 소비주의 · 쾌락주의 · 물질주의로서의 서방 민주주의를 끊임없이 고발하는 대신, 거기에 자유 · 다원주의 · 관용의 가치를 분명하게 긍정하는 자세가 따르지 않고 있기 때문이다. 이러한 자세는 자신의 교회 안에서도 용인되지 않고 있다. 예를 들어 산아 제한과 성 윤리 문제가 그러하다.[29] 그럼에도 불구하고 그리스도인들은 자신을 합리화하기 위해 이슬람 교도들을 — 신정 국가, 공적인 생활로부터의 이성의 배제, 엄격한 성 윤

---

29. **P. Hebblethwaite**는 미국의 National Catholic Report 지(1990.4.13)를 통해 폴란드와 유럽의 세속화에 대한 교황의 우려를 분석한 바 있다. 이 점과 관련해서 Vgl. **R. Modras,** Ein Mann der Widerspräche? Die frühen Schriften des Karel Wojtyla, in: **N. Greinacher – H. Küng,** Katholische Kirche – Wohin? Wider den Verrat am Konzil, München 1986, S.225-239.

리, 외국인에 대한 적개심 등의 이유로 — 비판하겠다는가? 근본적으로 말해서 그리스도교이든 이슬람교이든 유태교이든 또는 어떤 종교이든 퇴보적이고 억압하는 종교는 긴 안목으로 볼 때 아무런 미래를 보장받지 못한다.[30]

② 후기 근대는 **초근대**를 의미하는 것이 **아니다**! 호교론적인 현재를 고착시키는 근대주의 역시 신기원을 이루는 시대가 안고 있는 위기를 해결하는 데 아무런 기여도 못한다. 아울러 이러한 근대주의는 새로운 것을 위한 어떠한 진보적인 판단도 되지 못한다. 하나의 단순한 상승, 증가, 근대의 현대화 — 근대의 완성 그리고 근대의 철학적인 속행으로서의 후기 근대 — 는 신기원을 이루는 시대의 출현을 진지하게 수용하지 못한다. 근대주의 역시 전통주의로 변모될 수도 있기 때문이다. 여기서도 단순히 재생산적으로 계속되는 계몽주의는 실패한다. 이성은 단순히 이성을 통해서만 치료되지 않는다. 아울러 과학의 근본적인 결손과 기술의 침해는 단순히 더 많은 과학과 더 많은 기술을 통해 제거되지 않는다. 자연과학과 기술은 전통적으로 전승되는 윤리를 해체시킬 수 있다. 하지만 새로운 윤리를 창출하거나 윤리의 근거를 제공할 수는 없다.

③ **근대의 징후**는 — 신기원을 여는 징후의 변화는 하나의 개념으로 압축되어 사용되어야 한다 — 헤겔이 말하는 세 가지 의미와 관련해서 **후기 근대에로 "지양"**되어야 한다: 근대는

---

30. Vgl. dazu **T. Meyer,** Fundamentalismus. Aufstand gegen die Moderne, Hamburg 1989; **ders.** (Hrsg.), Fundamentalismus in der modernen Welt. Die Internationale der Unvernunft, Frankfurt 1989. **J. Niewiadomski** (Hrsg.), Eindeutige Antworten? Fundamentalistische Versuchung in Religion und Gesellschaft, Thaur 1988.

○ 자신의 인간적인 내용 때문에 **긍정**되어야 한다.

○ 자신의 비인간적인 한계 때문에 **부정**되어야 한다.

○ 새롭고 두드러지게 구별되는 다원적이고 전체적인 종합에로 **전이**되어야 한다.

필자는 이러한 새로운 종합을 다양한 차원 — "후기 근대의 위상" — 을 통해 제시하였다. 이 새로운 종합은 기본적인 신념과 기본적인 요구를 포함하고 있는 하나의 세계 윤리를 지향하는 방향으로 구체화되어야 한다.[31]

---

31. 이와 관련해서는 Vgl. **D. R. Griffin,** God and Religion in the Postmodern World. Essays in Postmodern Theology, Albany / NY 1989. 그리고 **D. Sölle,** Gott denken. Einführung in die Theologie, Stuttgart 1990.

제2장

무엇을 위한 윤리인가?

금세기의 초반과 중반에 이르기까지 경제적·사회적·정치적 그리고 생태학적 발전 그 자체가 지구상에서의 인류의 생존을 위해 하나의 **세계 윤리가 필요하다**는 사실을 분명하게 제시하고 있다. 이러한 파국적인 진행을 통해 와해되어 버린 세계에 대한 진단[1]은 우리에게 별다른 도움을 제공하지 못하고 있다. 또한 가치의 근거를 규정하지 아니하는 경향을 띠고 있는 실용적인 사회공학 역시 충분한 도움을 제공하지 못하고 있다.[2] 하지만 윤리를 배제하고서는, 윤리적 규범에 대한 보편적인 타당성을 배제하고서는 그리고 "전지구적인 기준"을 배제하고서는 수십년간 축적되어 온 문제점을 통해 위기에 휩싸이게 될 것이다. 이러한 위기는 급기야는 국가의 쇠퇴, 즉 경제적인 파산, 사회적 해체 그리고 정치적인 재난을 초래할 것이다.

달리 말해서, 우리는 **윤리**에 대한 사색이 필요하고 인간의 윤리적 근본 태도에 사색이 필요하다. 우리는 우리의 결단과 행위를 이끌어가는 가치와 규범에 대한 신학적 또는 철학적 가르침이 필요하다. 위기는 하나의 기회로 파악되어야 하고 "도전"에 대한

---

1. Vgl. **A. MacIntyre,** After Virtue. A Study in Moral Theory, Notre Dame / Indiana 1981; dt.: Der Verlust der Tugend. Zur moralischen Krise der Gegenwart, Frankfurt 1987.

2. MacIntyre에 의하면, 현재의 윤리적인 물음과 관련해서 현대 철학도 실패하고 있다고 한다. 상게서를 참조하라.

"응전"이 발견되어야 한다. 윤리가 결손과 허약에 대한 수선 기술로[3] 전락하지 않기 위해서는 부정의 대답만으로는 불충분하다. 그러므로 우리는 세계 윤리에 대한 물음에 **긍정적인 대답**을 찾으려는 시도를 포기하지 말아야 할 것이다. 이로써 우리는 무엇 때문에 윤리는 필요하며, 왜 윤리적으로 행동해야 하는가라는 모든 윤리가 제기하는 근본적인 물음에 직면하게 된다.

---

3. Vgl. **J. Mittelstraß,** Auf dem Wege zu einer Reparaturethik?, in: **J.-P. Wils – D. Mieth** (Hrsg.), Ethik ohne Chance? Erkundungen im technologischen Zeitalter, Tübingen 1989, S.89-108 (hier auch aufschlußreiche naturwissenschaftliche Beiträge von **M. Wolff, G. Mack, M. Schramm** und von Seiten der Philosophie auch von **W. Ch. Zimmerli** und **O. Höffe**).

선과 악의 피안?

가. 왜 악을 행해서는 안되는가?

인간은 왜 선을 행해야 하며 악을 행해서는 안되는가? 인간은 왜 "선과 악의 피안"(F. Nietzsche)에 서 있지 아니하며, 오로지 자신의 "힘에 대한 의지" — 성공, 재물, 안락, — 만을 추구해야 하는가? 이처럼 기본적인 물음은 가끔 가장 어려운 물음이기도 하다. 한때는 종교의 권위에 의해 수백년 동안 지극히 당연한 것으로 통용되어 왔던 습관, 법률, 풍습 등은 이제는 어느 곳에서도 더 이상 그 자명성을 인정받지 못하고 있는 실정이다. 그 결과 다음과 같은 물음이 **개인**에게 제기된다.

— 인간은, 설령 그렇게 하는 것이 유익하고 또 어떤 경우 탄로가 나지도 않아 처벌을 두려워해야 할 필요가 없음에도 불구하고 왜 이웃에게 거짓말을 해서는 안되며,
— 한 사업가 또는 은행가는 "축재하라"(탐욕)는 선전 표어가 아무런 윤리적 억압도 없이 공개적으로 설교되고 있음에도 불구하고 왜 이윤 추구에 일정한 한계를 설정해야만 하는가?
— 수정체 연구가 또는 연구소는 왜 이론의 여지가 없는 태아의 제조를 — 불필요한 여분은 쓰레기통에 버린다 — 보장하는 산업적인 생식의 기술을 개발하지 않는가?
— 선천적 성 유전자를 조작하여 기대하지 않는 후손(예를 들어 여아)의 출산을 근원적으로 조정해서는 왜 안되는가?

아울러 **집단**에게도 물음은 제기된다. 왜 어느 한 민족·종족·종교는 필요한 힘의 수단을 소유하고 있음에도 불구하고 다른 민족과 종족, 다른 신앙이나 소수 외국인을 미워하거나 괴롭혀서는 안되는가? 최악의 경우 추방도 불사할 경우가 있음에도 불구하고 말이다.

나. 왜 선을 행해야 하는가?

여기서도 우선 **개인**에게 물음이 제기된다.

— 인간은 왜 무자비하고 잔인하게 행동하는 대신 친절하게 용서해야 하며 심지어는 도움까지도 베풀어야 하는가? 젊은이들은 왜 폭력의 사용을 포기해야 하며 철저하게 비폭력을 선택해야만 하는가?
— 사업가 또는 은행가는 아무도 통제하지 않음에도 불구하고 왜 절대적으로 올바르게 처신해야 하며, 노동조합 담당자는 자신의 경력에 지장이 있음에도 불구하고 왜 자신의 조직만을 위해서가 아니라 동시에 공동선을 위해서도 헌신해야만 하는가?
— 자연과학자, 출산을 연구하는 의사 그리고 연구소는 왜 인간을 실험실에서나 치료에서 상업화 또는 산업화 — 수정체의 상품화 그리고 판매의 대상 — 의 대상으로 여겨서는 안되고, 그 대신 항상 권리의 주체 또는 목표로 여겨야만 하는가?

집단에 대해서도 물음은 제기된다. 왜 한 민족은 다른 민족에게, 한 종족은 다른 종족에게, 한 종교는 다른 종교에게 관용과 존중을 보내야만 하는가, 왜 국가와 종교의 권력 소지자는 어떠한 경우에라도 전쟁 대신 평화를 위해 헌신해야만 하는가?

다시 한번 더 근본적인 물음이 제기되지 않을 수 없다. 왜 인간은 — 개인·집단·국가·종교로서 이해된 — 인간적으로 참으로 인간답게 처신해야만 하며, 왜 어떠한 경우를 막론하고 **절대적으로** 이렇게 처신해야만 하는가? 왜 어떤 계층, 종족, 집단에 속하든 예외 없이 **모든** 사람이 이렇게 처신해야 하는가? 바로 이것이 모든 윤리가 제기하는 기본적인 물음이다.

②

근본적 동의 없이 민주주의 없다

가. 민주주의의 딜레마

바로 여기에 서방 민주주의가 안고 있는 근본 문제가 있다. 이 근본 문제에 대하여 서방 민주주의는 자신을 합리화시키지 않으면서 비판적으로 숙고해 보아야 할 것이다. 왜냐하면 자유 민주 국가 — 중세의 성직주의(흑색), 근대 전체주의(갈색 또는 적색)에 대립하는 — 는 자기 이해를 바탕으로 해서 이제는 일단 중립 자세를 취해 볼 필요가 있기 때문이다. 즉, 자유 민주 국가는 다양한 종교·신앙·철학·이념들을 용인해야 한다. 이러한 용인은 의심의 여지 없이 인류 역사의 엄청난 진보를 의미하며, 그 결과 오늘날 세계 도처에서는 자유와 인권에 대한 갈망을 감지할 수 있게 되었다. 이러한 자유와 인권은 서구적인 자유를 지속적으로 향유하고 있는 서구의 어떤 지성인들도 그것이 전형적으로 서구적인 것이라고 거부해서는 안되는 그러한 자유와 인권이다. 민주 국가는 자신의 헌법에 따라 양심의 자유와 종교의 자유는 물론 언론의 자유, 집회의 자유 그리고 인권에 속하는 모든 것을 존중하고 보호하고 증진시켜야 한다. 그럼에도 불구하고 민주 국가는 자신의 중립성에 상처받지 않으려면 이러한 존중, 보호, 증진에 있어서 어떠한 삶의 의미와 삶의 양식을 명령해서는 안되며, 어떠한 최고 가치와 최종적인 규범도 법적으로 규정해서는 안된다.

바로 여기에 근대의 모든 민주 국가의 — 그것이 유럽이든, 미국이든, 인도 또는 일본이든 — 딜레마가 정초하고 있다. 즉, 법

적으로 규정해서는 안되는 바로 그것에 의존하고 있다. 다양한
세계관이 공생해야 하는 다원적인 사회야말로 하나의 **기본적 동
의**를 필요로 하고, 이 기본적 동의에 다양한 세계관이 기여하며,
그 결과 엄격하고 통제적인 동의 대신 서로를 맞물리게 하는(존
롤스)[4] 동의가 형성될 수 있게 된다. 서로를 맞물리게 하는 윤리
적 기본 동의가 어느 정도까지 구체화될 수 있을는지는 역사적인
상황에 따라 좌우된다. 이렇게 우리는 오늘날 생존에 중요한 의
미를 지니고 있는 비인간적인 본성의 유지와 보호를 위해 오랫동
안 걱정할 필요는 없다. 그러므로 이러한 동의는 하나의 역동적
인 과정을 통해 새롭게 발견되지 않으면 안된다.[5]

나. 공동의 가치 · 규범 · 태도에 대한 최소 요구

여기서도 오늘날 여전히 의견 일치가 지배하고 있다. 즉, 일정한
가치 · 규범 · 태도와 관련해서 **최소한의 기본적 동의**를 배제하
고서는 인간의 사회 안에서 인간의 존엄성에 부합하는 공생은 불
가능하다. 항상 새롭게 대화를 통해 발견되어야 할 이러한 기본
동의를 배제하고서는 근대의 민주주의는 제대로 작용하지 않을
것이며, 끝내는 — 1919년부터 1933년의 바이마르(Weimar) 공화

---

4. **John Rawls.** A Theory of Justice, Cambridge / Mass. 1971; dt.: Eine Theorie
   der Gerechtigkeit, Frankfurt 1975, Originalausgabe S.387f. 이에 대한 비판적
   인 평가와 관련해서: Vgl. **O. Höffe** (Hrsg.), Theorie-Diskussion. Über John
   Rawls' Theorie der Gerechtigkeit, Frankfurt 1977; **H. Bielefeldt,**
   Neuzeitliches Freiheitsrecht und politische Gerechtigkeit. Perspektiven der
   Gesellschaftsvertragstheorien, Würzburg 1990.

5. 역동적인 동의 발견과 관련된 중요한 측면에 대해서 암스테르담 자유 대
   학의 윤리학자 **Bert Musschenga**가 필자에게 주의를 환기시켜 주었고 아
   울러 자극도 제공해 주었다.

국의 경우처럼 — 혼란 또는 독재에로 타락할 것이다.

그렇다면 최소한의 기본 동의란 무엇을 의미하는가? 필자는 이러한 기본 동의의 몇 가지 측면을 명료하게 제시하고자 한다.

○ 사회의 **내적 평화** 유지를 위해서는 무엇이 전제되어야 하는가? 사회의 갈등을 폭력을 사용하지 않고 해결하고자 하는 의견의 일치가 전제되어야 한다.
○ **경제 질서와 법 질서**를 유지하기 위해서는 무엇이 전제되어야 하는가? 일정한 경제질서와 법을 준수하고자 하는 의견의 일치가 전제되어야 한다.
○ 이러한 질서는 지탱하지만 그러나 지속적으로 역사적인 변화에 예속되어 있는 **제도들**을 유지하기 위해서는 무엇이 전제되어야 하는가? 적어도 이러한 제도를 암시적으로 거듭 새롭게 동의하고자 하는 의지가 전제되어야 한다.

추상적이고 예측을 불허하는 기술 세계의 이념적 대결 현장에는 여전히 테러의 반작용이 발생하고, 정치의 현장에는 극단적 마키아벨리즘이, 상거래 현장에는 심리 요법이, 개인적 삶의 현장에는 자유방임주의가 당연시된다는 것이 기정 사실화되어 가고 있다. 다시금 강조하거니와 여기서는 교화가 아니라 반성과 성찰이 요구되고 있다.

다. 자유롭게 선택된 속박

근대의 사회가 제대로 작용하기 위해서는 목표에 대한 개념 그리고 연결선(Ralf Dahrendorf), 즉 자유롭게 선택된 **개인의 속박**에 대한 물음을 소홀히 다루어서는 안된다. 이 속박은 인간을 묶어

버리는 쇠사슬 또는 족쇄를 의미하는 것이 아니다. 그보다는 인간을 도우는 버팀목을 의미한다. 인간의 삶에 있어서 삶의 방향, 삶의 가치, 삶의 규범, 삶의 유지 그리고 삶의 의미 등에 대한 속박은 초국가적이고 초문화적인 것이다.

일반적으로 인간은 어떤 무엇에 자신을 의지하고, 어떤 무엇을 신뢰하고자 하는 갈망을 감지한다. 즉, 예측을 불허하는 복잡한 기술 세계 안에서 그리고 자신의 개인적인 삶의 혼란과 갈등 안에서 확고한 입장을 취하고, 하나의 지도 노선을 추종하며, 하나의 척도를 소유하고 목표를 설정하기를 원한다. 환언하면 인간은 **윤리적 근본 정향** 같은 것을 소유하고 싶어하는 갈망을 감지한다. 정보의 홍수와 정보의 결여로 불확실하게 되어버린 근대의 산업사회 안에서는 사회심리학이 강조하는 공개적인 통신이 매우 중요하다. 사법적인 측면으로부터 제안된 유형의 실천을 위해서는 "양자택일의 논쟁"[6]이 중요하다. 의미, 가치 그리고 규범에 대한 속박을 배제하고서 인간은 참으로 인간답게 처신할 수는 없을 것이다.

이러한 맥락 안에서 미래를 고려하는 최대한의 요구가 있다면 그것은 과연 무엇일까? 2000년대를 위한 윤리적인 목표 설정은 과연 무엇일까? 미래 전략을 위한 선전 표어는 과연 무엇일까? 미래 전략을 위한 핵심적인 개념은 이 지구를 위한 인간의 책임이어야 한다.

---

6. Vgl. **E. G. Tannis,** Alternative Dispute Resolution That Works. North York / Canada 1989.

미래의 구호: 현세적 책임

가. 결과 윤리 또는 지향 윤리 대신 책임 윤리를

총체적인 책임이 요구된다는 것은 우선 **단순한 결과 윤리**가 요구하는 것과 상반되는 것을 요구한다는 것을 의미한다. 즉, 목적의 실현을 위해 모든 수단을 신성시하는 행위에 상반되는 것, 아울러 이익, 권력 그리고 향락을 가져다 주는 것을 선이라고 생각하는 것에 상반되는 것을 의미한다. 바로 이러한 것들은 극단적인 마키아벨리즘과 자유방임주의를 초래한다. 이러한 윤리는 결코 미래를 위한 가능성을 제공하지 못한다.

미래를 향한 가능성을 제공하지 못하는 윤리로는 **단순한 지향 윤리** 역시 마찬가지이다. 지향 윤리는 고립적으로 이해되는 가치 이념 — 정의, 사랑, 진리 등 — 을 지향하면서 오로지 행위자의 순수한 내적인 동기만을 관심의 대상으로 여긴다. 그 대신 행위 그리고 결단의 결과, 구체적인 상황, 또는 구체적인 상황의 요구나 영향을 별로 고려하지 않는다. 이처럼 절대성을 띠는 윤리는 역사성을 상실할 위험을 내포하고 있으며 — 이러한 윤리는 상황의 성장 요인을 무시한다 — 그리고 비정치적이다. 즉, 이러한 윤리는 기존의 사회 구조와 권력 관계의 요인을 무시한다. 그러므로 이러한 윤리는 내적 지향의 이유를 근거로 해서 폭력의 사용을 정당화시킬 수도 있다.

이와는 달리 사회학자 막스 웨버가 1918/19년 혁명의 겨울에 제창한 바 있는 **책임 윤리**는 미래의 가능성을 배태하고 있다.

웨버에 의하면 책임 윤리는 내적인 지향을 배제하지는 않는다. 하지만 항상 현실적으로 우리의 행위가 가져다 줄 예측할 수 있는 결과에 대해 관심을 기울인다. 그리고 행위의 결과에 대해 책임을 진다. "이러한 의미에서 지향윤리와 책임윤리는 서로 절대적인 대립 관계에 직면하고 있는 것이 아니라, 오히려 '정치에 대한 직업'을 소유**할 수 있는** 진정한 의미의 인간을 결정하는 보완의 관계에 직면하고 있다."[7] 지향윤리를 배제하는 책임윤리는 결과를 위해 모든 수단을 정당화시키는 결과윤리에로 타락할 것이며, 책임윤리를 배제한 지향윤리는 자기를 합리화시키는 내향성의 관리윤리에로 타락할 것이다.

제1차 세계대전 이래 인간의 지식과 능력은 무한하게 성장하였다. 하지만 이러한 성장은 다음 세대를 위해서는 매우 위험스러운 결과를 야기시켰다. 이러한 위험은 특히 핵 에너지와 유전공학 분야에서 두드러지게 나타나고 있다. 그렇기 때문에 70년대 말 미국으로 귀화한 독일의 철학자 한스 요나스[8]는 전적으로 다르게 변모해 버린 세계 상황 안에서 인간이 계속 실존하는 데 있어서 위협을 받고 있다는 사실을 고려하면서 기술문명을 위한 "책임의 원리"에 대해 새롭게 그리고 포괄적으로 사색한 바 있다. 그 결과 우리 지구의 전체 생명, 암석, 물 그리고 원자의 세계를 위한 총체적인 책임 의식을 가지고 행동해야 한다는 결론에 도달한 바 있다. 이 결론은 — 단지 에너지의 위기, 자연의 고갈, 인구의 증가만을 연상할 필요는 없다 — 현재의 자유 그리고

---

7. **Max Weber,** Politik als Beruf, in: Gesammelte politische Schriften, Tübingen 1958, S.505-560; Zitat S.559.

8. **Hans Jonas,** Das Prinzip Verantwortung. Versuch einer Ethik für die technologische Zivilisation, Frankfurt / Main 1984; ders., Technik, Medizin und Ethik. Zur Praxis des Prinzips Verantwortung, Frankfurt 1987.

미래의 생존을 위한 인간의 자기 통제도 포함한다. 그 결과 미래를 염려하는 새로운 윤리 그리고 자연을 경외하는 새로운 윤리가 요청되고 있다.

나. 동시대와 주위 세계와 후대를 위한 책임

그러므로 2000년대를 위한 선전 표어는 **세계 공동체의 미래를 위한 책임**, 즉 **동시대, 주위 세계** 그리고 **후대**를 위한 책임으로 구체화되어야 한다. 다양한 세계 지역, 세계 종교 그리고 세계 이념의 책임자들은 총체적인 맥락에서 사고하고 행동하는 것을 배우도록 요청받고 있다.[9] 특히 경제를 이끌어가는 선진국인 유럽 공동체, 북미 그리고 태평양 지역의 국가들이 이러한 요청에 직면하고 있다. 이들 국가들은 동구 유럽, 라틴아메리카, 남아시아 그리고 아프리카 — 오늘날 만족할 만한 발전 그리고 적극적인 변화를 갈망하고 있는 장소이다 — 등 다른 세계 지역의 발전을 위해 유예할 수 없는 책임을 지고 있다.

그러므로 2000년대를 향하고 있는 변화의 와중에 그 어느 때보다도 더 절박하게 윤리적인 주요 물음들이 제기되고 있다. 즉, **어떠한 기본 조건 아래에서 우리는 살 만한 지구상의 인간으로서 생존**하며 개인적이고 사회적인 삶을 영위할 수 있는가? 어떤 전제 조건 아래에서 인간의 문명은 2000년대에도 살아 남을 수 있는가? 정치, 경제, 과학 그리고 종교의 지도력은 어떤 기본 원리를 추종해야만 하는가? 어떤 전제 조건 아래에서 개개인은 행복하고 충만된 실존에 도달할 수 있는가?

---

9. Vgl. dazu **E. Laszlo,** Design for Destiny, New York 1989; dt.: Global denken. Die Neu-Gestaltung der vernetzten Welt, Rosenheim 1989.

다. 목적과 판단 기준으로서의 인간

대답인즉, **인간이** 지금보다 커져야 한다는 것이다. 인간이 **더 인간답게 되어야 한다**! 인간을 위해 좋은 것은 인간의 존재성을 보존하고 증진하며 실현한다. 하지만 인간의 존재성을 보존하고, 증진시키고, 실현시키는 일은 옛날과는 전혀 다르게 이루어져야 한다. 인간은 **될 수 있는 대로 더 인간다운 사회와 흠 없는 환경**을 건설하기 위한 자신의 잠재 능력을 지금까지의 경우와는 다르게 활용해야 한다. 왜냐하면 인본주의를 실현시키기 위한 인간의 적극적인 가능성은 자신의 존재-상태(Ist-Stand)보다 더 크기 때문이다. 이러한 의미에서 책임이라는 현실적인 원리와 희망이라는 이상향적인 원리(Ernst Bloch)는 동질의 것이다.

그러므로 오늘날의 **"자아-경향"** ─ 자기 규정, 자아 체험, 자아 발견, 자아 실현, 자아 성취 등 ─ 은 **자아 책임**과 **세계 책임**으로부터 일탈되지 않는 한 그리고 이웃을 위한 책임, 사회와 자연을 위한 책임으로부터 일탈되지 않는 한, 아울러 자기 도취적인 자아 황홀 또는 극도의 자기 아집으로 타락하지 아니하는 양상을 띠는 한 거부되어서는 안될 것이다. 자기 주장과 자기 헌신은 서로를 배제시킬 필요는 없다. 정체성과 연대성은 더 나은 세계의 형성을 위해 요청되고 있다.

그러나 우리가 인류의 더 나은 미래를 구상하는 계획에서는 언제나 바로 인간이 윤리적 기본 원리가 되어야 한다. 인간은 ─ 칸트(Kant) 이래 정언적 명령의 정식이다 ─ **결코 단순한 수단**으로 전락되어서는 안된다. 인간이 마지막 목적이어야 하고 **항상 목적과 판단 기준**이어야 한다. 돈과 자본은, 노동이 수단인 것처럼, 하나의 수단에 지나지 않는다. 아울러 과학, 기술 그리고 산업 역시 수단에 불과하다. 하지만 이러한 것들은 그 자체 가치로부터 자유롭게 된 가치 중립적인 것이 아니다. 이러한 것들은 모든 개별적인 경우 어느 정도 인간의 발전에 기여하느냐에 따라 평가되어야 한다. 그러므로 인간의 유전자에 대한 유전공학의 조작은 오로지 인간의 생명을 보호하고, 보존하며, 인간화시키는 데 기여하는 한 허용될 수 있을 것이다. 그렇기 때문에 소모적인 태아 연구는 비인간적인 실험으로서 단호하게 거부되어야 한다.

그리고 경제와 관련해서, 필자는 미국의 관리 전문가 드루커 교수로부터 "이익은 목적이 아니다. 단지 결과일 뿐이다"라는 말을 들은 바 있다. 이 교수는 얼마 전 "기업사회"가 교육 그리고 교양이 핵심적인 역할을 수행하게 될 "지식사회"에 의해 해체될 것이라고 천명한 바 있다.[10] 하지만 우리는 벌써 이 점에 대해서 알고 있다. 즉, 컴퓨터와 기계, 기술의 제어와 관리, 조직과 기구 역시 인간을 위한 것이지 결코 그 반대는 아니라는 사실을 알고 있다. 또 다르게 표현한다면, 인간은 항상 주체가 되어야 한다. 결코 객체가 되어서는 안된다. 이러한 사실은 오로지 정치에만 해당하는 것이 아니다. 경제 심리학자 그리고 경영학자들이 지적하듯이 경영의 일상에도 해당된다. "인간이라는 요인이야말로 경영적 그리고 총체적 현상 안에서 방해하든 아니면 추진하든, **핵심적인** 요소를 이루고 있다(로널드 뮐러)."[11] 아니면 블라이헤르가 문화 비교적인 관리-분석 — 미국 · 일본 · 유럽 — 을 통해 지적했듯이 "기계, 발명, 개혁을 강조할 것이 아니라, 그보다는 오히려 자신의 지성을 투신하도록 자극하여 기회를 포착하

---

10. **Peter Drucker,** Facing the "New and Dynamic", in: Time-Magazine vom 22. 1.1990

11. **Ronald Müller,** Führung 2000: Kapital in High-Tech, Vertrauen in Mitarbeiter investieren, in: io Management Zeitschrift 59 (1990). Nr.1.

고, 모험을 피하고, 적극적인 활동을 통해 새로운 경제적·사회적 그리고 기술적인 상태를 창조해 내는 인간을 강조해야 한다. 안정된 발달의 시대에 경영주의 성공을 보장해 주는 데 있어서 결정적으로 중요한 것은 **재화 자본** 대신 경영주의 미래 성공을 보장해 주는 **인간 자본**이 이제는 결정적으로 중요하다."[12] 실제로 컴퓨터가 아니라 그 대신 인간이 인간을 구원할 것이다.

라. 공적인 관심사로서의 윤리

이러한 사실로부터 윤리가 계획적으로 요청되고 있다는 사실이 자명해진다. 근대는 **윤리**를 개인적인 사안으로 여겼지만 후기 근대에 들어와서는 — 인간의 복지와 인류의 생존을 위해 — 다시금 **일차적 의미**를 지닌 **공적 관심사**로 등장하게 되었다. 그러나 다양한 사회 제도 안에서 개별적인 문제가 발생할 경우 윤리의 전문가에게 의뢰하는 것만으로는 불충분하다. 문제가 안고 있는 엄청난 복합성과 과학 그리고 기술의 전문화에 직면하여 윤리 자체가 **제도화**될 필요가 있다. 이러한 윤리의 제도화는 유럽이나 일본에 비해 미국의 경우 훨씬 더 발달되어 있다. 예를 들어 윤리 위원회, 윤리 강좌 그리고 특히 생물학, 의학, 기술, 경제 분야 — 행동 강령 또는 점점 증가되는 부패를 방지하기 위한 기업 윤리 규정 등 — 윤리적인 규정 등이 그러하다.[13]

---

12. **Knut Bleicher,** Chancen für Europas Zukunft. Führung als internationaler Wettbewerbsfaktor, Frankfurt 1989, S.218.

13. 윤리의 제도화 문제와 관련해서: Vgl. **R. Löw,** Brauchen wir eine neue Ethik?, in: Universitas 1990, S.291-296. Bezüglich der Einrichtung von Volksenqueten Vgl. **G. Altner,** Präventionsprinzip und Ethik: Was ist zu tun?, in: Universitas 1989, S.373-384.

경제적 사고 행위 역시 가치와 무관한 가치 중립적인 것이 아니다. 예를 들어 최대의 이윤 추구가 기업가의 유일한 과제이고 이윤의 극대화야말로 사회 복지를 위한 기업가의 최대 기여이자 유일한 기여라고 보는 견해는 이제는 기업인이나 전문 경영인들 사이에서도 이미 퇴색된 견해로 인식되고 있다. 경제인들 역시 오늘날 **유럽의 위대한 경제와 사회 이론가**인 아리스토텔레스와 플라톤을 비롯하여 토마스 아퀴나스를 거쳐 근대 경제학의 창시자이자 윤리철학자인 스미스(Adam Smith)에 이르기까지 정치와 경제를 하나의 윤리적인 전체 맥락 속에서 통찰해야 한다는 사실에 대해 숙고하고 있다.

윤리적으로 행동하는 자는 바로 이때문에 **비경제적으로** 행동하지 않으며, 위기를 예방하는 차원에서 행동한다. 많은 대기업가들은 자신들의 생산 제품이 야기시키는 생태학적·정치학적 그리고 윤리적 후유증을 염려하지 않음으로써 가장 성공적인 기업 경영자가 될 수 있는 것이 아니라, 그 대신 이러한 후유증을 고려하여 — 필요한 경우 단기간의 희생을 감수하면서까지도 — 사법적인 제한 조치와 심지어는 엄한 처벌을 사전에 예방함으로써 가장 성공적인 기업가가 될 수 있다는 사실을 인식할 때까지 고통스러운 손실을 감내하지 않으면 안된다.[14]

기업가들이 져야 할 사회적 책임 또는 생태학적 책임을 단순히 정치가들에게 전가시킬 수 없듯이, 윤리적 책임을 단순히 종교에 전가시킬 수는 없다. 이러한 책임의 전가에 있어서, 가정에서는 자신들의 비판적인 자녀들로부터, 경제와 윤리의 유리 그리고 가정의 외부에서 순수하게 이익을 추구하는 사업과 가정 안에서 이루어지는 윤리적 개인생활의 유리가 도대체 신뢰할 만한 것인지

---

14. **P. Ulrich,** Schweizerischer Bankverein / Der Monat 3 / 89, S.7f.

를 해명하도록 요구받고 있는 기업가들이 없지 않아 있다. 윤리적 행위는 단지 장보기 계획, 경영 전략, 경영 장부, 사회 결산 등에 대한 사적인 첨가물일 수는 없다. 오히려 인간적이고 사회적인 행위를 위한 자명한 공간을 형성해야 한다. 왜냐하면 시장 경제 역시 사회적으로 작용하고 생태학적으로 조화를 이루기 위해서는 일정한 신념과 태도를 지니고 있는 인간을 필요로 하기 때문이다. 이러한 사실을 좀더 일반화시켜 말할 수 있다면:

마. 세계 윤리 없이 세계 질서 없다

왜냐하면 이 점만큼은 분명하기 때문이다. 인간은 더 많은 법률과 규정을 통해 개선될 수는 없다. 아울러 심리학과 사회학을 통해서도 역시 그러하다. 그것이 크든 작든 인간은 동일한 상황과 대결하고 있다. 사실에 대한 앎은 아직은 의미에 대한 앎이 아니고, 규제 그 자체는 아직 방향 정위가 아니다. 아울러 **법률은 아직 관습이 아니다.** 법률 역시 윤리적 토대를 필요로 한다. 법률이 — 국가에 의해 제재의 수단으로 결정되고 권력의 수단으로 관철된다 — 내포하고 있는 윤리적 수용성은 온갖 정치적 문화의 전제 조건이기도 하다. 유럽 공동체, 미국, 유엔 등 개별적인 국가나 국제적인 기구들에 있어서 새로운 법률은, 만일 인간의 대부분이 이 새로운 법률을 준수할 생각도 가지지 아니하고, 책임의식 없이 개인의 관심사 또는 집단의 관심사를 관철시키기 위해 계속 충분한 수단과 방법을 발견하려고 시도할 경우, 어떤 의미를 지니고 있을까? 예를 들어 앞으로 5년 이내에 미국에서는 약물의 파급으로 인해 — 범죄와 비행국가위원회의 추산에 의하면 — 약 460,000여만 명에 달하는 새로운 수감자를 위해 교도

소를 새로 건설해야 하며, 이를 위해 35억 달러의 경비를 지출해야 한다고 한다.[15] 그러므로 경제적인 이유로 인해 더 많은 감시, 경찰, 교도소 그리고 엄격한 법률에 대한 요구가 우리 시대가 안고 있는 어려운 문제점들을 끝장내기 위한 유일한 해결책이 될 수 없다는 사실이 점점 분명해지고 있다. 남미의 경우 코카인 재배에 따른 재정적인 여건에 대한 문제가, 북미나 유럽의 경우 교육 — 가정·학교·집단·여론 등 — 이라는 근본 문제가 관심의 대상으로 부각되고 있다. "관습을 배제한 법률은 무슨 의미가 있는가?"라는 로마의 격언이 실감난다.

물론 세계의 모든 국가들은 경제질서와 법질서를 소유하고 있다. 하지만 어떤 국가에서도 이러한 질서는 윤리적 동의 또는 국민의 윤리 — 이 윤리로부터 민주주의적인 법치 국가가 발생한다 — 를 배제하고서는 작용하지 않을 것임이 분명하다. 국제적인 국가 공동체 역시 이미 초국가적·초문화적 그리고 초종교적인 법의 구조를 창조했다. — 물론 이러한 법의 구조는 국제 조약 없이는 자기 기만에 지나지 않겠지만 — 하지만 이러한 세계 질서가 전체 인류를 위해 **구속력을 발휘하는 윤리**, 즉 **세계 윤리**를 배제한다면 도대체 어떤 의미가 있는가? 세계 시장만이 세계 윤리를 필요로 하는 것이 아니다. 서로 차이를 노출시키는 윤리 또는 핵심적인 내용에 있어서 서로 모순되는 윤리를 수반하는 공간 안에서 세계 사회는 별다른 공헌을 할 수 없을 것이다. 윤리적으로 확고한 토대 위에 근거하고 있는 금지가 — 예를 들어 금융과 주식 거래의 조작 또는 공격적인 유전공학의 연구 — 한 나라에서는 준수되지만 그러나 다른 나라에서 준수되지 않을 경우 도대체 어떤 의미가 있는가? 윤리가 모든 이의 복지를 위해

---

15. International Herald Tribune vom 12.1.90.

작용하려면 통일성을 유지해야 한다. 통일성을 유지하는 세계는 점차적으로 통일성을 유지하는 윤리를 필요로 한다. 후기 근대의 인간은 공동의 가치, 목표, 이상 그리고 비전을 필요로 한다. 하지만 이 모든 것들은 하나의 종교적인 신앙을 전제로 하는 것이 아닐까라는 논쟁의 여지를 내포하고 있는 물음이 제기된다.

제3장

신앙인과 비신앙인의 제휴

모든 세기를 통해 종교가 일정한 윤리를 위한 기본 토대를 제공하고 윤리를 정당화시키며, 윤리에게 동기를 부여하고 가끔은 처벌로써 제재를 가해 왔다는 사실에 대해서는 이론의 여지가 없다. 하지만 종교는 오늘날에도 세속화된 사회 안에서 여전히 그래야만 하는가?

1

왜 종교가 없이는 윤리가 없는가?

가. 종교들: 양면적 현상

마치 모든 인간적인 양면적 역사 현상들이 그러하듯이 종교들이 옳음과 그름을 인식하는 윤리적 기능을 지니고 있다는 것은 주지의 사실이다. 하지만 이 옳음 **그리고** 그름에 있어 고등 종교들이 인류의 정신적 그리고 윤리적 진보에 많이 기여해 왔다고 주장하는 것이야말로 선입견에 사로잡힌 성급한 판단의 결과이고, 아울러 종교들이 이러한 진보를 가끔 방해하고 저지하기도 했다는 사실을 간과한 결과이기도 하다. 가끔은 종교들이 자신들의 진실성을 진보의 추진력보다 — 예를 들어 모든 편협과 약점을 극복한 프로테스탄트의 종교개혁 — 더 적게 보여주었고, 그 대신 반종교개혁 그리고 반계몽주의 — 예를 들어 16세기와 19세기 그리고 오늘날 다시금 자기 지배적인 권력을 소유한 로마의 바티칸의 경우처럼 — 의 요새로서 자신을 드러내기도 했다.

그리스도교는 물론 유태교와 이슬람교, 힌두교와 불교 그리고 중국의 유교와 도교 역시 긍정적인 모습 **그리고** 부정적인 모습을 드러내었다. 세계의 대 종교들은 각자 나름대로의 승리에 찬 **성공의 역사** — 이 역사는 각 종교의 신도들에 의해 잘 알려져 있다 — 이외에도 비밀로 남아 있었으면 하는 **추문록**도 소유하고 있다. 오늘 우리의 시대에 이르기까지, 미국의 정신과 의사 드라퍼가 지적하듯이, "제도화된 종교는 기이한 신봉자, 자유분방한 사조, 우스꽝스러운 성자, 음탕한 바라문 승려, 편집광의

성벽에 사로잡힌 설교가, 정신착란을 일으키는 랍비, 일탈적인 행위를 일삼는 주교 또는 정신이상의 교황들에 의해 특별하게 방해를 받지 아니한 시기가 없지 않아 있었다. 더 나아가 종교는 자신의 가르침에 반항하는 이단자, 개혁자 또는 교란자의 강한 특성들을 용인하는 자세를 취하는 것처럼 보이기도 했다."[1] 이러한 사실로부터 수많은 사람들은 왜 종교를 배제한 윤리는 불가능한가라고 자문한다.

나. 인간은 종교 없이도
윤리적으로 살 수 있지 않을까?

신앙을 가진 사람들도 종교를 배제하고서라도 윤리적으로 살 수 있다는 가능성을 인정해야 한다.[2] 왜 그러한가?

① 왜 계몽된 지성인들이 반계몽주의, 미신, 대중의 우민화 그리고 "아편"으로 타락해 버린 종교를 포기하기를 원하는가를 밝히는 **전기적·심리학적으로** 볼 때 충분한 이유들이 있다.
② 종교를 신앙하지 아니하는 사람들도 실제로 종교 없이도 윤리적인 기본 방향을 설정하고, 윤리적인 삶을 영위하고 심지어는 역사 안에는 드물지 않게 인간의 존엄성을 위해 새로운 의미를 발견하는 데 앞장서고, 가끔은 신앙인들보다 더 적극적으로 인간의 성숙과 양심의 자유, 종교의 자유 그리고 기타 인권을 위해 투신하는 사람들이 있다는 것은 **경험적으로** 볼

---

1. **Edgar Draper,** Psychiatry and Pastoral Care, Philadelphia ²1970, S.117.
2. Vgl. **A. Grosser,** Au nom de quoi? A la recherche d'une éthique politique, Paris 1969; dt. Taschenbuchausgabe: In wessen Namen? Werte und Wirklichkeit in der Politik, München 1973.

때 이론의 여지가 없는 사실이다.

③ 종교를 신앙하지 아니하는 수많은 사람들이 근본적인 목적과 우선권, 가치와 규범, 이상과 모델, 진실과 허위를 판단하는 기준을 발전시켜 왔고 그리고 소유하고 있다는 것은 **인간학적으로** 볼 때 부인할 수 없는 사실이다.

④ **철학적으로** 볼 때 이성적인 존재로서의 인간은 진정한 의미의 인간적인 자율성을 지니고 있고, 이 자율성은 인간으로 하여금 신에 대한 신앙 없이도 근본적인 신뢰를 현실 안에 실현시키고, 세계 안에서의 인간의 책임을 인식하도록 해준다. 즉, 자아 책임과 세계 책임을 인식하도록 해준다는 사실에 대해서는 논의의 여지가 없다. [3]

다. 종교를 위한 또는 거부하는 선택의 자유

오늘날 수많은 사람들이 인간의 존엄성을 지향하는 윤리적 삶을 위해 앞장서고 있다는 사실에 대해서는 재론의 여지가 없다. 그리고 이러한 인간의 존엄성에는, 현대적인 이해에 따르면 이성과 성숙, 양심의 자유, 종교자유 그리고 오랜 역사 속에서 — 가끔은 기존의 종교인들의 저항에 부딪치면서도 — 관철되어 온 인권 등이 속한다. 종교를 신앙하는 사람들은 — 유태교인, 그리스도인, 이슬람교도, 힌두교도, 시크교도, 불교도, 유교 신봉자 그리고 도교 신봉자이든 상관없이 — 물론 종교를 신앙하지 않는 사람들도 — 자신을 인문주의자로 지칭하든 아니면 마르크스주의자로 지칭하든 — 각자 나름대로의 방법에 따라 **인간의 존엄성과**

---

3. 신에 대한 신앙을 배제하는 윤리가 지니고 있는 문제점에 대해서: **H. Küng,** EG Teil E: Ja zur Wirklichkeit – Alternative zum Nihilismus.

인권을 주장하고, 하나의 인간적인 윤리를 주장한다는 사실은, 민족들 사이의 평화 유지를 위해 정치, 경제 분야에서의 국제적인 협력을 위해 그리고 유엔과 유네스코 같은 국제적인 기구를 위해서도 매우 중요한 의미를 지닌다. 실제로 신앙인이든 아니면 비신앙인이든 — 제2차 세계대전 후 그리고 1984년 12월 8일의 대학살 후 — 국제연합의 인권선언 1항에 포함되어 있는 "모든 인간은 자유롭게 그리고 평등, 존엄성, 권리를 가지고 태어난다. 모든 인간은 이성과 양심을 천부적으로 타고났으며 서로 형제애의 정신 안에서 처신해야 한다"는 내용을 인정할 것이다.

이러한 사실로부터 **종교 자유**의 권리도 발생한다. 그러나 종교 자유의 권리는 — 광신자들은 인정하지 않겠지만 — 두 가지 의미, 즉 한편으로는 종교를 위한 자유와 다른 편으로는 종교로부터의 자유라는 의미를 내포하고 있다. 그러므로 종교 자유의 권리는 필연적으로 **무종교**의 권리도 포함한다. "각자는 사고의 자유, 양심의 자유 그리고 종교의 자유에 대한 권리를 누린다. 이 권리는 종교 또는 신앙을 바꿀 수 있는 자유는 물론 종교와 신앙을 홀로 또는 타인과의 공동체 안에서, 공적으로 아니면 개인적으로 교리, 실천, 하느님 예배, 종교적 규정의 준수를 통해 고백할 자유까지도 포함하고 있다"(18항).

이 모든 것들은 신앙의 명제를 배제하고서라도 인간의 이성만으로 그 근거의 토대를 마련할 수 있는 것처럼 보인다. 왜 인간은 — 칸트가 자신의 계획 논문 「계몽주의란 무엇인가?」에서 요구한 바 있는 — "자기 스스로 책임을 져야 하는 미성숙"을, 즉 타인의 안내 없이 "자신의 오성을 이용하지 못하는 무능력"을 극복하지 못하며, 이성의 윤리를 위한 근거를 마련하는 데 있어서 자신의 오성을 왜 이용하지 못하는가? 이러한 무능력은, 칸트에 의하면 "오성의 결여"에서 기인하는 것이 아니라 오히려 "용기의 부족"에서 기인한다고 한다: "자신의 고유한 오성을 이용하기 위해 용기를 가져라!" 이에 따라 오늘날 많은 윤리신학자와 윤리철학자들도 인간의 모든 실천적인 결단에 있어서 진정한 의미의 자율성, 즉 그리스도교의 신앙을 파기시키지 아니하는 **윤리적** 자율성을 주장한다. 이것을 위해서는 최소한의 상호 존중이 요청된다. 즉, 신앙인과 비신앙인의 상호 존중이 요청된다.

상호 존중의 공동 책임

가. 제휴의 불가피성

상호 존중을 통해 공동의 세계 윤리를 건설하기 위한 신앙인과 비신앙인 — 이상주의자이든 무신론자이든 불가지론자이든 — 사이의 제휴가 **불가피**하게 되었다. 왜 그러한가? 우리는 이미 이러한 기본 사고를 발전시켜 왔으며, 여기서 다시 한번 더 종합적으로 정리해 보고자 한다.

① 의미 부재, 가치 부재, 규범 부재라는 위험이 신앙인은 물론 비신앙인도 위협하고 있다. 예전의 방향 정위의 전통, 방향 정위의 주무처의 상실 그리고 이러한 상실로부터 기인하는 방향 정위의 위기를 우리는 다같이 맞이하고 있다.

② 입법 이전의 동의가 없는 민주주의는 정당성의 위기에 직면하게 된다. 자유 민주 국가는 중립적 입장을 취해야 하지만, 그럼에도 불구하고 자유 민주 국가는 일정한 가치·규범·태도와 관련해서 최소한의 근본 동의에 의존하고 있다. 왜냐하면 이러한 윤리적인 근본 동의가 없이는 인간의 존엄성에 부합하는 공존이 없기 때문이다. 바로 여기서부터,

③ 윤리가 없이는 인간 사회의 생존도 없다는 결과가 파생된다. 구체적으로 말한다면,

　　의견 일치가 없이는 어떠한 내적 평화도 사회적 갈등을 비폭력적으로 해결할 수 없고,

일정한 질서와 법률을 준수하고자 하는 의지가 없이는 경제 질서와 법 질서도 없으며,

당사자들의 적어도 묵시적인 동의가 없이는 제도의 성립도 없다.

나. 제휴의 실현 가능성

만일 신앙인과 비신앙인 사이의 제휴가, 세계 윤리를 건설한다는 관심사와 관련해서, 불가피하다면 이 제휴는 **구체적으로 실현가능성**을 내포하고 있을까? 그렇다. 왜냐하면 신앙인들과 비신앙인들은 함께 모든 진부한 허무주의, 불확실한 견유주의 그리고 사회적인 냉대를 반대하여 저항할 수 있으며, 확신과 신념을 가지고 이러한 저항을 위해 자신들을 투신할 수 있기 때문이다.

① 인간의 존엄성에 상응하는 삶에 대한 모든 인간의 — 어떠한 성, 국가, 종교, 인종 그리고 계층에 속하든 — 기본 권리는 지금까지 그러했던 것처럼 이제는 더 이상 무시될 수 없고, 오히려 점차적으로 실현되고 있다.

② 80년대의 경우와는 달리 부유한 나라와 가난한 나라 사이의 격차가 더 크게 벌어지지는 않을 것이다.

③ 제3세계의 달동네에 위치해 있는 빈민굴이 더 이상 확산되지 않고 있다.

④ 지금까지 이루어 놓은 사회 복지의 수준이 생태학적인 재난이나 국제적인 여건의 변화에도 불구하고 계속 유지되고 있다.

⑤ 가난한 사람들의 생활 수준을 높임으로써 물질적인 불평등의 조건을 평준화시키는 그리고 전쟁이 없는 세계 공동체의 출현이 가능하다.

이제는 더 이상 전근대적이고 그리스도교적인 유럽으로 귀환할 수 없는 새로운 유럽에서 전통적인 의미의 정면 대결 — 보수와 진보의 대결, 성직자와 평신도의 대결 — 의 소생을 회피할 수 있다면, 신앙인과 비신앙인 사이의 제휴는 대단한 비중을 얻게 될 것이다. 물론 이러한 제휴가 모든 문제점들을 해결하지 못한다는 것은 자명하다.

제4장

자율과 종교 사이의
긴장에 직면한 윤리

신앙인과 비신앙인 사이의 제휴가 불가피하고 그리고 이 제휴가 정치적으로 시의적절한 것이라면, 하나의 반문, 즉 우리를 이끌어가고 필요한 곳에서 장벽을 제거해 줄 수 있는 척도를 어디로부터 취할 것인가라는 반문이 제기된다. 저명한 자연과학자이자 진화 생물학자이며, 독일 연구 협의회 총재인 마르클은, 자연과학은 우리에게 이러한 척도와 규범을 가르쳐줄 수 없다고 지적한 바 있다. 마르클은 오로지 반과학적인 근본 구조에 대해 경고할 뿐만 아니라, 동시에 가치로부터 해방된 가치 중립적인 과학에 대해서도 경고한다. 왜냐하면 이러한 과학은, 그것이 "우리에게 가르치는 바를 우리가 왜 알아야 하는가에 대해 더 이상 말해 주지 않기 때문이다"[1]라고 한다.

---

1. **Hubert Markl,** Vom Sinn des Wissens. Auch die Genetik ist keine Wissenschaft im "wertfrein" Raum, in: Die Zeit vom 8.9.1989.

윤리와 부딪치는 이성의 어려움

가. 계몽주의의 변증법

사회·문화적인 거대한 힘, 근대의 징후들에게 커다란 영향을 미치고 징후들을 급속하게 몰아붙이면서 세계를 이끌어가는 힘의 **지배** — 절대적이고 무제한적인 지배 — 는 오늘날 **의문시**되고 있다.

이 절대적이고 무제한적인 힘의 지배는,

— 윤리로부터 해방된 자연과학,
— 전지 전능한 공학,
— 환경을 파괴하는 산업,
— 순전히 형식적이고 법적인 민주주의의 지배이다.

근대의 자기 문제화는 — 이것은 아도르노와 호르크하이머에 의해 이미 제2차 세계대전 직후 "계몽주의의 변증법"으로 분석된 바 있다[2] — 오늘날에도 여전히 보편적인 것으로 인정되고 있다. 근대의 **이성이 쉽게 비이성에로 탈바꿈**했다는 것은 합리적 계몽주의의 본질에 속하는 사실이다. 과학이 성취한 모든 진보는 반드시 인간성의 진보를 의미하는 것이 아니다. 인간화된 세계와

---

2. Vgl. **Max Horkheimer – Theodor W. Adorno,** Dialektik der Aufklärung. Philosophische Fragmente, Amsterdam 1947. Neuausgabe Frankfurt 1969.

인간화되어 가고 있는 세계 사이에는 여전히 심연이 가로놓여 있다. 과학과 기술이 지니고 있는 제한적이고 부분적인 합리성은 전체적이고 통일된 이성이 아니고 동시에 참으로 이성적인 합리성도 아니다. 그러므로 뿌리에까지 미치는 철저한 이성 비판은 필연적으로 이성의 뿌리를 약화시키는 결과를 초래하고, 그 결과 진리와 정의에 대한 모든 이성적인 정당성을 쉽게 파괴시켜 버린다. 바로 이 점이 아도르노와 호르크하이머가 통찰한 제어할 수 없는 자기 파괴의 과정에 사로잡혀 있는 계몽주의의 실상이고, 그렇기 때문에 자기 스스로를 초월하는 계몽주의를 요청하게 되는 까닭이기도 하다.

다시 한번 더 반복하거니와, 자연과학과 공학에 의하여 양산된 질병은 단순히 더 많은 자연과학 그리고 기술공학을 통해서 치유될 수 없다는 사실이 거듭 되풀이하여 확인되어야 한다. **자연과학적 그리고 기술공학적 사고**는 전통적인 윤리 그리고 현실과는 거리가 멀어져 버린 윤리를 파괴해 버린다. 하지만 근대에서 비윤리를 확산시킨 수많은 것들은 단지 악한 의지의 결과가 아니라 그보다는 오히려 산업화, 도시화, 세속화 그리고 구조적인 무책임의 "부산물"이라는 사실을 현대의 자연과학자 그리고 공학자들이 스스로 강조하고 있다. 근대의 자연과학적 사고와 기술공학적 사고는 당초부터 보편적인 가치, 인간의 권리 그리고 **윤리적 척도의 근거**를 제시하는 데에 있어서 무능하다는 것을 스스로 입증해 보였다. 하지만 그 사이 자연과학은 아인슈타인(Einstein)의 "상대성 이론", 하이젠베르그(Heisenberg)의 "불확정성 원리" 그리고 괴델(Gödel)의 "결정 불능 명제"를 통하여 스스로를 상대화시켰는데, 이 점은 긍정적으로 평가되어야 할 것이다.

나. 구속력은 어디로부터?

특히 80년대 이래 독일의 **철학**자들 역시, 그들이 언어분석철학
으로부터 유래하든(아펠)[3] 또는 프랑크푸르트 비판이론(하버마
스)[4]으로부터 유래하든, 아니면 역사이론(부브너)[5]으로부터 유래
하든, 다시금 실천과 그 결과인 구속력을 요구하는 윤리에 관한
합리적인 근거 제시에 관심을 기울이고 있다는 사실은 매우 다행
스러운 일이 아닐 수 없다. 물론 이들 철학자들은 폭넓은 민중
계층을 위해 **적용될 수 있는 절대적이고 보편적인** 구속력을
요구하는 윤리에 대한 근거의 제시와 관련해서 어려움에 봉착하
고 있다는 것은 부인할 수 없는 사실이다.[6] 그렇기 때문에 적지
아니한 철학자들 — 매킨타이어[7]와 로어티[8]를 비롯하여 푸코[9]와

---

3. Vgl. **Karl-Otto Apel,** Diskurs und Verantwortung. Das Problem des
   Übergangs zur postkonventionellen Moral, Frankfurt 1988.

4. Vgl. **Jürgen Habermas,** Die Neue Unübersichtlichkeit. Kleine Politische
   Schriften V, Frankfurt 1985; **ders.,** Theorie des kommunikativen Handelns Bd.
   I-II, Frankfurt 1981, ⁴1987, Tb-Ausg. 1988; **ders.,** Moralbewußtsein und
   kommunikatives Handeln, Frankfurt 1983, ³1988; **ders.,** Der philosophische
   Diskurs der Moderne. Zwölf Vorlesungen, Frankfurt 1985.

5. Vgl. **Rüdiger Bubner,** Handlung, Sprache und Vernunft. Grundbegriffe
   praktischer Philosophie, Frankfurt ²1982; **ders.,** Geschichtsprozesse und
   Handlungsnormen. Untersuchungen zur praktischen Philosophie, Frankfurt
   1984.

6. Vgl. **E. Tugendhat,** Probleme der Ethik, Stuttgart 1984.

7. **Alastair MacIntyre,** a.a.O.

8. Vgl. **Richard Rorty,** Consequences of Pragmatism (Essays: 1972~1980),
   Minneapolis 1982; **ders.,** Contingency, Irony, and Solidarity, Cambridge 1989;
   dt.: Kontingenz, Ironie und Solidarität, Frankfurt 1989.

9. Vgl. **Michel Foucault,** Historie de la folie à l'âge classique, Paris 1961; **ders.,**
   Histoire de la sexualité Bd I-III, Paris 1976~1984.

부브너[10]에 이르기까지 ─ 은 보편적인 규범에 대한 근거의 제시를 기꺼이 포기하고, 그 대신 다양한 삶의 설계와 삶의 양식이라는 관습의 문제에로 귀환하고 있다. 하지만 그 결과 제한된 지역의 합리성과 용인성, 규정과 법률들을 너무 소홀하게 다루지 않으며, 지역적이고 국가적인 범위에만 축소시키고 고착시키는 시도는 더 큰 전체를 위해 거듭 거부되어야 하지 않을까라는 물음도 제기된다.

아울러 합리적인 논증과 동의를 강조하는 이른바 "논증윤리"(Apel, Habermas)도 문제점을 안고 있다. 왜 격렬한 대결 대신 논증과 동의를 우선적으로 선택하는가? 논증은 참으로 윤리인가 아니면 단지 전술에 불과한 것이 아닌가? 이성은 규범의 **절대성**과 **보편성**의 근거를 제시해야 하지 않는가? 이성이 이제는 더 이상 "정언적 명령"(Kant)에로 귀환할 수 없다는 사실이 판명된 후에도 어떻게 규범의 절대성과 보편성의 근거를 제시할 수 있는가? 지금까지는 절대적인 구속력을 요구하는 보편타당한 규범에 대한 철학적인 근거 제시는 문제점을 안고 있는 보편화와 초월적이고 실용적인 모델 그리고 공리주의적이고 실용적인 모델로부터 벗어나지 못하고 있는 것처럼 보인다. 철학적인 근거 제시는 ─ 간섭하는 권위의 결여로 인해 ─ 하나의 이상적인 통교 공동체에 의존하고 있기는 하지만 평범한 사람들을 위해서는 지나치게 추상적이고 그리고 구속력을 발휘하지 못하고 있는 실정이다. 논증윤리에 대한 철학적인 근거 제시는 자신이 주장하는 초월적인 "최종 구속력"에도 불구하고 아무런 보편적인 구속력과 절대적인 구

10. **J. Schmidt,** Aufklärung und Gegenaufklärung in der europäischen Literatur, Philosophie und Politik von der Antike bis zur Gegenwart, Darmstadt 1989. 자유주의에 관해서는: Vgl. **D. Langewiesche,** Liberalismus in Deutschland, Frankfurt 1988. 1918년 이전의 종교의 위치에 관해서는: Vgl. **Th. Nipperdey,** Religion im Umbruch. Deutschland 1870~1918, München 1988.

속력을 입증해 보이지 못하고 있는 것처럼 보인다. 만일 어떤 자가 초월적인 윤리를 포기한다면, 그는 끝내는 하나의 원을 맴돌고 있다는 사실을 확인하기 위해 지평적인 통교라는 먼 길을 가야 할 것이다.

구체적인 삶의 체험과 관련하여, 철학적인 모델은 구체적인 경우 — 이러한 경우는 그렇게 드문 것이 아니다 — 인간에게 아무런 유익도, 행복도 그리고 통교도 보장해 주지 못하는 행위가 요구되는 바로 그곳에서 체념하고 말아 버린다. 아울러 인간의 관심사를 거스르는 행위, 심지어 극단적인 경우 자신의 생명을 희생하도록 요구하는 바로 그곳에서 불발탄으로 그치고 말아 버린다. 철학은 "이성에 대한 호소"와 더불어, 윤리적인 자아 책임이 실존적으로 고뇌하는 곳에 너무 쉽게 무너져 버린다. 어떻게 **이것이** 하필이면 **나에게** 요구되는가? 이 물음은 자신의 윤리를 이성의 토대 위에 확립한 프로이트도 대답하지 못한 물음이다. "내가 왜 관대한 마음을 가지고 가능한 한 타인에게 호의를 베풀려고 노력하는가 하고 나 자신에게 묻는다면 그리고 타인이 잔인하고 신뢰할 수 없는 행동을 함으로써 상처를 입히고 있다는 사실을 감지했을 때 나는 왜 그것을 중지시키려고 하지 않았는가 하고 나 자신에게 묻는다면, 나는 아무런 해답을 알지 못한다."[11]

문제는 순수한 이성으로써 정신적인 방황과 윤리적인 임의성이 안고 있는 온갖 위험을 대적할 수 있을는지 하는 데 있다. 물론 자연과학, 기술공학 그리고 철학으로부터의 도움의 제공이 중단될 경우 많은 사람들은 각자 나름대로의 방법으로 스스로 자위책을 강구할 것이다. 별자리에 대한 현대인들의 흥미를 위해 제공되는 천문학적으로 잘 알려진 그러나 이해될 수 없는 정보는, 미

---

11. 1915년 7월 8일 J. Putnam에게 보낸 **Sigmund Freud**의 편지, E. Jones, Leben und Werk von S. Freud, Bd. II, Bern-Stuttgart 1960, S.489에서 인용.

래의 결단을 내리는 데 있어서 중요한 근본 방향 설정에 대한 욕구 그리고 여러 가지 종류의 심각한 심리학적 치유에 대한 욕구와 동일한 욕구로부터 기인한다.

하지만 이미 살펴본 바와 같이, 오로지 개인적인 결단만이 중요한 것이 아니다. 우리 시대가 안고 있는 **경제적 · 기술공학적**인 어려움은 항상 **정치적 · 윤리적인 어려움**으로 대두되고 있으며 — 이 점을 로마 클럽도 통찰하고 있다[12] — 이러한 어려움은 온갖 심리학, 사회학 그리고 아마도 철학의 개입까지도 요구하고 있다. 우리에게 허용된 것보다 더 많은 것을 할 수 있는 오늘의 시대에 누가 감히 나서서 우리가 무엇을 해야 할 것인가를 말해 줄 것인가? 아마도 많이 칭찬을 받고 또 많이 비방을 들어 온 **종교**가 말해 줄 수 있을까? 자신의 실존 권리가 철학적으로 철저하게 의문시되고 있는 종교가 과연 말해 줄 수 있을까? 스스로 신학적 윤리와의 문제점들을 노출시키고 있는 종교가 말해 줄 수 있을까? 종교의 두 가지 모습 — 칭찬과 비방 — 에 대해 간략하게 언급해 보고자 한다.

---

12. Vgl. **A. Peccei** (Hrsg.), No Limits to Learning: Bridging the Human Gap, Oxford 1979; dt.: Das menschliche Dilemma. Zukunft und Lernen, Wien 1979.

②

종교의 저항

가. 후기 형이상학적 시대?

많은 철학자들은 다시금 "후기 형이상학적 시대"를 강조하고 윤리에 대한 합리적인 근거를 제시하기 위해 "후기 형이상학적 사고"[13]를 실천하고 있다. 그러나 이 철학자들은 종교를 "투사", "소외"(Feuerbach), 사회적 "억압" 또는 "민중의 아편"(Marx), "퇴보" 아니면 "심리적 미성숙"(Freud)과 동일하게 여기고, 이미 끝장 난 문제로 여기는 시대와 정신적인 분위기에 휩싸여 자신들의 독특한 "후기 형이상학적 사고"의 토대를 이루고 있는 경험적이고 학문 이론적인 전제 조건들을 너무 쉽게 간과해 버린다. 종교는 자연과학, 기술, 산업 그리고 민주주의(인권)와 적대 관계를 유지하고 있다는 이유로 근대에서는 무시되거나 억압받았고 끝내는 ─ 프랑스 혁명의 경우에서처럼 ─ 박해받았다. 그러나 후기 근대에 이르러서는, 종교는 어떤 미래를 지니고 있는가라는 물음이 새롭게 제기되고 있다.

이 물음에 대한 필자의 입장인즉, **종교적 차원을 배제하는 시대 분석은 무능하다**라는 것이다.[14] 왜냐하면 종교는 예술 또는 법률과 마찬가지로 ─ 대칭적으로 그리고 통시적으로 관찰할 경우 ─ 하나의 **보편적** 현상이기 때문이다. "종교는 인간의 가장 오래된, 가장 강력한, 가장 절실한 갈망의 충족"이기 때문이

---

13. **J. Habermas,** Nachmetaphysisches Denken. Philosophische Aufsätze, Frankfurt 1988.

다[15] 종교가 지니고 있는 "환상적" 특성은 — 프로이드에 의하더라도 — 결코 표출되지 않는다. 오히려 종교가 지니고 있는 핵심적인 내용은 일종의 이성적인 신뢰와 같은 것이다.[16] 그러므로 이러한 보편적이고 인간적인 현상을 무관심, 무지 또는 원한으로 인해 그것을 분석하는 데 있어서 등한히한다는 것은, 인간이 긍정하든 아니면 부정하든, 인간의 삶과 역사가 내포하고 있는 본질적인 차원을 고려하지 않는다는 것을 의미한다. 무의미하게 "고도를 기다리는 것"에 앞서 하느님 — 모든 것을 포괄하고, 모든 것에 침투하는 처음이자 마지막 실재로 이해되는 하느님 — 에 대한 이성적인 신뢰가 선행되어야 하지 않을까?[17]

나. 종교의 종말?

독일이 통일되기 이전의 동독과 폴란드 · 체코슬로바키아 · 소련 · 남아프리카 · 이란 · 필리핀 · 남한 · 북미 · 남미에로 시선을 돌려보

---

14. Vgl. **M. Frank,** Religionsstiftung im Dienste der Idee? Die "Neue Mythologie" der Romantik, in: Was aber (bleibet) stiften die Dichter? Zur Dichter-Theologie der Goethezeit, hrsg. von G. vom Hofe, P. Pfaff und H. Timm, München 1986, S.121-137. M. Frank, Der kommende Gott, Vorlesungen über die Neue Mythologie I, Frankfurt 1982; ders., Gott im Exil. Vorlesungen über die Neue Mythologie II, Frankfurt 1988. 특히 Thomas Mann의 신화 비법과 종교성과 관련해서: Vgl. W. Jens — H. Küng, Anwälte der Humanität. Thomas Mann, Hermann Hesse, Heinrich Böll, München 1989.

15. **S. Freud,** Die Zukunft einer Illusion, in: Studienausgabe, Frankfurt 1969~75, Bd IX, S.164.

16. S. Freud와의 대결과 관련해서: Vgl. **H. Küng,** EG, Kap. C III: "Gott — eine infantile Illusion? Sigmund Freud"; **ders.,** Freud und die Zukunft der Religion, München 1987.

17. **A. MacIntyre,** a.a.O., 245쪽.

면, **종교의 종말 또는 고사(枯死)를 주장하는 종교 역사적인 명제**는 오늘날 **허위**라는 것이 분명하게 드러나고 있다. 무신론의 색채를 띤 인문주의(Feuerbach)는 물론, 무신론의 색채를 띠고 있는 사회주의(Marx) 그리고 과학(Freud 또는 Russel)도 종교를 대체하는 데 있어서 실패했다. 오히려 그와는 반대로 이념들 그리고 세속화된 근대의 신념들이 확실성을 상실하면 할수록 종교는 새로운 종교적 신앙의 확신을 부양시켰다. 오늘날 우리는 후기 이념의 시대에 대해 언급하지만 그러나 후기 종교 시대에 대해서는 거의 언급을 하지 않고 있는 실정이다.

서구도 이른바 "대중의 무신론"으로부터 출발하지 않고 있다. 미국의 경우 1987년의 갤럽 설문조사에 의하면 94%가 신의 존재를 믿고 있으며, 독일의 경우 1989년 알렌스바허(Allensbacher) 설문조사에 의하면 70%가 신의 존재를 믿고 있으며, 단지 13%만이 신의 존재를 믿지 않고 있다. 영국의 경우 *Sunday Times*지나 *Sunday Telegraph*지에 의하면 1990년 초 3/4이 초자연적인 존재를 믿고 있다고 한다. 물론 현대 서구의 모든 종교는 세속화의 문제와 철저하게 씨름하고 있다. 그러나 세속화된 서구사회는 결코 무종교를 의미하는 것이 아니다.

여전히 **제도화된 종교들**이 존재하며, 적어도 유럽의 경우 스스로 초래한 경직과 고립(가톨릭 교회) 또는 고갈과 무특징(프로테스탄트 교회) 때문에 위기에 빠져 있는 그리스도교의 **교회들**도 존재하고 있다. 하지만 종교의 종말 또는 고사에 대해서는 아직도 전혀 언급이 없다. 니체에 의해 예언된 허무주의 — 근본적이고 실천적이며 통속적인 의미의 — 는 어디에서 하느님에 대한 믿음이 상실되는지를 보여주는 하나의 사례이다. 그러나 하느님에 대한 믿음이 많은 사람들을 위해 사라지지 아니하고 살아 있는 한 허무주의 역시 그렇게 보편적인 현상은 아니다.[18]

지난 수십년 동안 종교가 오로지 인간을 억압했을 뿐 아니라, 동시에 **심리적 · 정신요법적**으로뿐 아니라 정치 · 사회적으로도 인간의 **해방**을 위해서 헌신했다는 사실이 옛날보다 더 분명하게 드러나고 있다. 여기서의 인간해방은 마르크스나 엥겔스처럼 지난 세기의 종교가 계급윤리 — 유산자 계급의 색채를 드러내는 — 를 선전한다고[19] 비판한 것을 의미하는 것이 아니다. 오히려 — 남미를 비롯해서 남한에 이르기까지, 남아프리카로부터 필리핀에 이르기까지, 동독으로부터 루마니아에 이르기까지 — 인간적인 사회 건설을 위해 투쟁하는 것을 의미한다. 그리고 종교는 이제 사회 · 심리적으로 자유의 신장, 인권의 존중, 민주주의의 출현에 기여**할 수 있다**는 사실이 도처에서 드러나고 있다.

○ 물론 종교는 권위적이고 독재적이며, 반동적일 수 있으며, 실제로 가끔 그러해 왔다. 종교는 불안, 공포, 편협, 불의, 좌절 그리고 사회와의 단절을 야기시킬 수 있으며 비윤리, 사회적 병폐 그리고 동족의 전쟁, 민족 사이의 전쟁을 정당화시키고 또 유도할 수도 있다.

○ 그러나 종교는 해방시키고 미래 지향적이며, 박애적인 힘을 행사하기도 하며, 실제로 가끔 행사하기도 했다. 종교는 삶의 신뢰, 관대함, 관용, 연대성, 창조성 그리고 사회적 투신을

---

18. F. Nietzsche의 허무주의와의 대결과 관련해서: Vgl. **H. Küng,** EG, Teil D: "Nihilismus – Konsequenz des Atheismus". **H. Lübbe,** Religion nach der Aufklärung, Graz 1986. **W. Oelmüller** herausgegebenen beiden Bänden zu Religion und Philosophie, Bd 1: Wiederkehr von Religion? Perspektiven, Argumente, Fragen, Paderborn 1984; Bd 2: Wahrheitsansprüche der Religionen heute, Paderborn 1986. Vgl. auch **P. Koslowski** (Hrsg.), Die religiöse Dimension der Gesellschaft. Religionen und ihre Theorien, Tübingen 1985.

19. Vgl. auch dazu **H. Küng,** EG, Kap. C II: "Gott – eine interessenbedingte Vertröstung? Karl Marx".

확산시킬 수 있으며 정신적 쇄신, 사회개혁 그리고 세계 평화
를 증진시킬 수 있다.[20]

최근의 진행 과정은 종교에 의해, 지금까지는 관찰되지 않았던
형태, 즉 비폭력의 윤리가 지니고 있는 혁명적인 힘의 형태로 하
나의 윤리가 신장될 수 있다는 사실을 보여주고 있다. 최근에 우
리는 처음으로 1989년 가을 불을 내뿜은 무기에 의한 혁명 대신
— 라이프찌히(Leipzig)에서 그리고 다른 곳에서도 — 불타는 촛
불에 의한 혁명을 체험한 바 있다. 이처럼 폭력을 사용하지 아니
하는 혁명 물결의 선두에는 물론 경직된 교회의 — 동독의 가톨
릭 교계 제도와 루마니아의 정교는 단념했지만 — 보수적인 교계
제도와 기존의 질서 안에 안주하는 많은 "교회의 회색 쥐"들이
앞장선 것이 아니다. 혁명의 결정적인 요인은 역동적이고 강한
책임의식을 소유한 그리고 관대하게 개방된, 아울러 시종일관하
는 태도를 취한 종교의 지도자들과 — 영적 지도자, 사목자 그리
고 평신도 — 단체들이었고, 이들은 새로운 지도 양식 — 예를
들어 라이프찌히의 니콜라이(Nikolai) 교회 또는 혁명의 불길을
당긴 목사 퇴게스(László Tökes) — 을 발전시켰다. 그렇기 때문
에 우리는 물음을 제기하지 않을 수 없다.

다. 종교는 투사일 뿐?

종교 문제에 있어서 투사 논증은 인식이론적으로 이미 충분
하게 **검증이 끝났다**고 볼 수 있다. 심리적으로 볼 때 신에 대한

---

20. **E. Laszlo,** a.a.O., 139쪽.

신앙은 — 다른 신앙, 희망 그리고 사랑과 마찬가지로 — 항상 자명하게도 투사의 구조 그리고 내용을 드러내 보이고 있다. 이로써 종교는 언제나 투사의 **혐의**를 받고 있다. 그러나 오로지 투사라는 요인 하나만이 투사 대상의 존재 여부에 대해 아직 결정하지 않는다. 신에 대한 신앙 또는 신에 대한 갈망 — 그 자체 아직은 신을 위한 또는 신을 반대하는 논증이 아니다 — 에 신은 전적으로 일치할 수 있다.[21] 종교를 유치한 위로 또는 유아적 환상에 지나지 않는 것으로 비난하는 사태는 여전히 계속되고 있다. 하지만 이러한 사태가 계속되도록 방임해서는 안된다. 종교는 물론 심리적 자아 정체성, 인간적 성숙 그리고 건전한 자아의식의 토대를 제공할 수 있다. 심지어는 — 이미 제시한 바와같이 — 사회를 변화시키는 결정적인 자극제 또는 추진력이 될 수도 있을 것이다. 특히 오늘날 종교는 — 이 점은 한 번은 언급되어야 한다 — 헤겔 이래 근대의 절정에서 종교보다 훨씬 더 많이 "구상의 추진"(J. Habermas)이라는 질병에 시달리고 있는 철학 그 이상의 것이다. 이러한 의미에서 필자는 "유럽인으로서의 우리가 유태교와 그리스도교로부터 유래하는 구원사적인 사고의 본질을 우리의 것으로 동화시키지 않고서는 윤리성, 도덕성, 인격, 개체성, 자유 그리고 해방 등과 … 같은 개념을 제대로 이해할 수 있다고는 믿지 않는다"[22]는 하버마스의 의견에 동의하고자 한다.

하지만 하버마스가 대답하지 아니한 물음이 있다. 그 물음은, 왜 나는 유태교와 그리스도교의 전통이 지니고 있는 본질을 "후기 형이상학적"으로, 즉 합리적·비신앙적으로 나에게 동화시켜야만 하는가? 하는 것이다. 왜 종교는 아직은 한물 간 것이 아니

---

21. Feuerbach의 투사에 대해서: Vgl. **H. Küng**, EG Kap. C I: "Gott – eine Projektion des Menschen? Ludwig Feuerbach".

22. **J. Habermas,** Nachmetaphysisches Denken, S.23.

라, 여전히 심리적으로 그리고 사회적으로 해방시키는 방법 안에 살아 있기 때문에 — 바로 이것이 후기 근대의 주요 특징이다 — 새로운 방법으로 합리적·신앙적이지 않으면 안되는가? 왜 풍부한 은유를 내포하고 있는 종교는 후기 형이상학적인 철학이 아무런 적절한 수단을 제공할 수 없다는 사실이 확인될 때에만 비로소 나에게 우연한 사건의 극복과 구원 희망의 표지로 다가오는가? 왜 나는 "전적으로 타자에 대한 희망" — 하버마스 자신의 스승 호르크하이머의 이 근본 사상에 대해 유감스럽게도 주목하지 않았다 — 에 대해 철학적인 표현을 양도해서는 안되는가? 하지만 — 아마도 반문되겠지만 — 종교는 하나의 윤리를 위한 근거를 제시하는 데 있어서 나름대로의 엄청난 어려움에 봉착하고 있는 것은 아닌가?

윤리와 부딪치는 종교의 어려움

가. 하늘에서 떨어진 고정된 윤리적 해결?

아마도 이슬람교 또는 힌두교가 오늘날 문제점으로 여기고 있는 내용들이 많은 신앙인에게는 ― 특히 유태교인과 그리스도인뿐 아니라 중국 유교의 신봉자들도 포함해서 ― 이미 오래 전부터 자명한 것으로 이해되고 있을 것이다. 첫째의 문제점으로 지적되어야 할 것은, 20세기 말에 이르러 우리는 하늘이나 도(道) 또는 성서나 기타 다른 경전에서 확고한 윤리적 해결을 도출해 내는 작업을 예전에 비해 게을리하고 있다는 사실이다. 이러한 사실은 성서, 코란, 토라 또는 힌두교나 이슬람교의 경전이 포함하고 있는 초월적인 근거에 토대를 두고 있는 윤리적 계명을 거부하기 때문에 그러한 것은 결코 아니다. 하지만 우선 시인하지 않으면 안될 것은, 역사적으로 볼 때 대 종교들이 지니고 있는 구체적인 윤리 규범, 가치, 통찰 그리고 주요 개념들은, 역사적인 연구 결과에 의하면 매우 복잡한 사회의 역동적인 과정을 거치면서 형성되었다는 점이다. 삶의 요구 그리고 인간적으로 해결해야 할 절박한 문제 또는 필요성이 제기되는 그곳에서는 인간의 행동을 위한 행동 규범, 예를 들면 우선권·계약·법률·계명·지침·관습 등 한마디로 일정한 윤리규범 등이 대두한다는 것은 당연한 사실이다. 그 결과 성서가 하느님의 계명으로서 선포하는 것 가운데에는 많은 것들이 기원전 17세기 또는 18세기의 고대 바빌로니아의 「함무라비 법전」(*Hammurabi Codex*)에서도 발견되고 있다.

이러한 사실은, 인간은 항상 새롭게 윤리의 규범과 모델 또는 구상으로서의 윤리적 해결책을 시험해 보아야 하고, 세대를 거쳐 실천하고 유지해야 한다는 것을 의미한다. 실천과 유지의 기간이 지난 다음에는 이러한 규범을 인정하게 된다. 그러나 가끔은 — 만일 시대가 완전히 변화되었다면 — 다시금 규범의 폐지가 따른다. 아마도 우리는 바로 이러한 시대들에 살고 있는 것이 아닐까?

나. 땅에는 서로 다른 해결책들이

두번째의 문제점을 오늘의 신앙인들은 주목해야 한다. 즉, "땅 위에서" 일어나는 모든 문제점과 갈등을 해결하기 위해서는 유태교인이든 그리스도인이든, 이슬람교도이든 또는 인도, 중국, 일본의 종교를 신봉하는 자들이든 상관없이, 상이한 해결책들이 모색되어야 한다. 인간들은 자신들의 윤리가 지니고 있는 구체적인 형태에 대해 책임을 져야 한다. 하지만 어느 정도까지 책임을 져야 하는가? 자신들의 체험과 삶의 다양성으로부터 출발하면서 진실을 고집해야 하는 한 책임을 져야 한다.

이러한 사실은, 비록 신앙인이라 할지라도 생명윤리와 성윤리를 비롯해서 경제윤리와 국가윤리에 이르는 구체적인 문제 영역을 위해 확실한 정보와 인식들을 창조해 내는 데 있어서 그리고 도처에서 객관적인 논증으로서 작업하고 그렇게 함으로써 심사숙고하는 결단에 도움을 제공하는 현실적인 해결책을 발견해 내는 데 있어서 예외가 될 수 없다는 것을 의미한다. 가끔 하늘에 뜬 구름을 잡는 신앙인들은 오늘날, 인간으로부터 내적인 자율성을 박탈하기 위해 높은 권위에 공소장을 제기해서는 안된다고 말할 수 있는 용기를 가져야 한다. 바로 이러한 의미에서, 양심 안에는 우리의 자아 실현과 세계 책임을 위한 윤리적인 자아 입법 그리고 자아 책임이 뿌리를 내리고 있다는, 칸트가 힘들여 작업한 결과가 적용된다.

다. 학문적 방법론

신앙인들은 세번째의 문제점을 주시해야 한다. 기술사회가 안고 있는 다양하고 변화가 심하며, 헤아릴 길 없이 복잡한 실재에 직면하여 종교들 역시 가능한 한 선판단 없이 이러한 실재들이 지니고 있는 객관적인 법칙 또는 미래 가능성을 파헤치기 위해 학문적인 방법을 적용하는 데 있어서 고심해야 할 것이다.

물론 평범한 모든 그리스도인·유태인·이슬람·힌두·불자들이 이러한 학문적인 방법을 이용할 필요는 없다. 일정한 윤리 규범에 대한 학문 이전의 의식은, 이 의식이 아직도 존속하는 한 오늘날 대다수의 신앙인을 위해 매우 중요한 의미를 지니고 있다. 다행히도 여전히 수많은 사람들은 어떤 일정한 상황 안에서 윤리 철학 또는 윤리 신학에 관한 논문이나 저서를 읽지 않고도 "자연스럽게" 올바른 처신을 한다. 그럼에도 불구하고 많은 종교들이 역사의 흐름과 더불어 잘못 내린 판단 — 예를 들어 전쟁, 평화, 인종, 여성의 지위, 산아조절의 의미 등과 관련한 — 은 다음과 같은 사실을 보여주고 있다. 즉, 근대의 삶은 구체적인 윤리규범을 규정함에 있어서 — 성윤리, 공격성, 경제권력, 정치권력 등과 관련해서 — 현실에 대한 맹목으로 인해 학문적으로 확실하게 보장된 경험의 소여 또는 견해들을 간과할 수밖에 없을 만큼 너무 복잡하게 변해 버렸다는 사실을 보여주고 있다.

이러한 사실은 긍정적인 의미를 지니고 있다. 즉, 근대의 윤리는 자연과학 그리고 인문과학과의 접촉에 의지하고 있다. 구체적으로는 심리학, 정신요법, 사회학, 사회 비판, 행동 비교 연구, 생물학, 문화 역사 그리고 철학적 인간학과의 접촉에 의지하고 있다. 종교들과 종교의 책임 지도자, 교사들은 이러한 접촉에 공포를 느낄 필요는 없다. 인문과학은 이들에게 확실히 보장된 풍부한 인간학적 인식과 행동에 중요한 의미를 지니고 있는 정보들을 제공하며, 이러한 인식과 정보들은 — 비록 인간의 윤리를 위한 최종 규범과 근거의 위치를 대신할 수 없음에도 불구하고 — 심사숙고하는 결단에 대한 도움으로써 이용될 수 있기 때문이다.

하지만 매우 복잡한 많은 문제점들에 직면하여 모든 윤리는 항상 그것이 개인적인 영역이든 아니면 사회적인 영역이든 갈등의 상황 그리고 의무의 알력과 대결하고 있다. 매우 드물기는 하지만 갈등의 상황은, 하나의 윤리적 결단을 위한 반대 이유를 허용하지 않을 정도로 분명하게 나타나기도 한다. 이러한 상황 안에서 우리는 무엇을 해야만 하는가?

라. 우선 규칙과 안전 규칙

개별적인 인간(예를 들어 학자)을 위해서는 물론 제도(학문, 연구소, 기업)를 위해서도 구체적인 경우 (예를 들어 개인적인 영역의 경우 어머니의 생명 그리고 아직 태어나지 아니한 태아의 생명, 사회적인 영역의 경우 노동의 공급 그리고 환경오염) 가끔 매우 까다로운 선의 측정이라는 문제가 중요한 관심의 대상으로 부각된다. 오늘날 가끔 전혀 다른 공간과 시간의 차원을 나타내는 선택을 용이하게 하기 위해 오늘의 윤리는 일련의 **우선과 안전 규칙**을 발전시켜 왔다. 필자는 이러한 규칙 가운데 몇 가지 중요한 규칙을 간략하게 정리해 보고자 한다.[23]

① **문제 해결 규칙**: 해결보다는 더 큰 문제를 생산하는 과학과 기술의 진보. 예를 들면 인간의 유전자 조작을 통해 유전병을 제거하는 기술

② **증명 규칙**: 새로운 과학적 인식을 보고하고, 일정한 기술적인 혁신을 변호하며, 어떤 산업 제품을 생산하는 자 스스로가 자신의 시도가 사회적으로는 물론 생태학적으로도 아무런 해악을 끼치지 않는다는 것을 증명한다. 예를 들어 산업의 이전, 유전공학으로 변화시킨 식물, 박테리아 그리고 바이러스 — 해충 구제 수단 — 를 실험실 외부에서 폐기시키는 것

③ **공동선 규칙**: 인간의 존엄성과 인권을 보장하는 한 개인의 관심사보다 공동선의 관심사를 우선시킨다. 예를 들어 수술의학보다 예방의학을 강력하게 증진시키는 것

④ **긴급성 규칙**: 긴급하고 절박한 가치 — 인간 또는 인류의 생존 — 가 그 자체 높은 가치보다 — 인간 또는 어떤 집단의 자아 실현 — 우선권을 가진다.

⑤ **생태학 규칙**: 파괴되어서는 안될 생태 체계가 사회 체계 — 더 나은 삶보다는 생존이 더 중요하다 — 보다 우선한다.

⑥ **가역성 규칙**: 기술의 발전에 있어서 전도 또는 가역성의 가능성을 가진 기술의 발전이 그렇지 못한 기술의 발전보다 우선권을 가진다. 예를 들어 유전외과수술은 한 인간의 유전정보체제를 변화시킬 수 있고, 정관의 유전적인 변화는 차기 세대에게 숙명적인 영향을 미칠 수 있다.

물론 몇 가지 일정한 규칙으로써 합리적인 윤리는 — 예를 들어 자기 제한, 평화의 능력, 생명의 신장 … 등 — 일정한 **삶의 태**

---

23. **Dietmar** Mieth, Theologisch-ethische Ansätze im Hinblick auf die Bioethik, in: Concilium 25 (1989) Heft 3 (als ganzes).

도 그리고 **삶의 양식**을 제공할 수 있다. 하지만 이러한 태도와 삶의 양식들이 구체화되면 될수록 윤리적 **동기, 의무**의 정도, 보편적 **타당성** 그리고 규범 일반이 지니고 있는 마지막 **의미** 등에 대한 물음이 더 많이 제기된다. 바로 여기에 종교는 자신만이 소유하고 있는 고유한 무엇을 제공해야 한다.

４

윤리의 가능한 토대로서의 종교들

가. 인간 조건이 절대 의무를 지울 수 있는가?

종교를 믿지 아니하는 사람들 역시 진정한 의미의 인간다운 삶,
즉 윤리적인 삶을 영위할 수 있다는 사실을 확인해야 할 필요가
있다. 이것은 인간의 내재적인 자율성을 표현하는 것이다.[24] 하지
만 인간은, 자신이 실제로 절대적인 윤리규범을 인정해야 함에도
불구하고 종교를 배제하고서는 할 수 없는 것이 한 가지 있다.
그것은 윤리적 요구의 **절대성과 보편성**의 근거를 제시할 수 없
다는 점이다. 환언하면 나는 왜 절대적으로, 즉 어떤 경우이든
어디서든지 — 나의 개인적인 관심사에 역행한다 할지라도 — 윤
리규범을 준수해야만 하는가? 만일 모든 사람들이 윤리규범을 준
수하지 않는다면 도대체 윤리는 어떤 가치를 지니고 있는가? 만
일 윤리규범이 조건과 평계를 — 윤리규범은 조건이 없어야 하며
"가정적"이어서는 안되고 그 대신 "정언적"이어야 한다(Kant) —
허용한다면 도대체 윤리는 어떤 가치를 지니고 있는가 하는 물음
에 확실한 대답을 제공할 수 없다.

---

24. 신학적 윤리가 어떻게 **자율 윤리**를 수용하는가라는 문제를 필자는 **A.
Auer, F. Böckle, J. Gründel, W. Korff, D. Mieth, B. Schüller** in CS Kap. D
II, 1 und EG Kap. E II, 3; FIV, 4에서 다룬 바 있다. 이와 관련해서 훌륭한
종합을 F. Böckle, Fundamentalmoral, München 1977이 제공해 주고 있다.
현대 윤리학의 기본 물음에 대해서는 A. Hertz, W. Korff, T. Rendtorff u.H.
Ringeling herausgegebenen ökumenischen "Handbuch(s) der christlichen
Ethik", Bd I-III, Freiburg-Gütersloh 1978~1982가 다루고 있다.

인간 현존의 유한한 조건으로부터 그리고 인간적인 절박성과 필요성으로부터 하나의 절대적인 요구, 즉 "정언적" 당위를 단순하게 도출해 낼 수는 없다. 아울러 독자적이고 추상적인 "인간의 본성" 또는 "인간의 이념" — 윤리규범의 근거 제시를 위한 주무 부처로서 — 역시 절대적인 의무를 요구할 수 없다. "인류의 생존 의무"도 마찬가지로 윤리적 요구의 근거를 합리적으로 제시하는 데 있어서 적절한 수단이 될 수 없다. 요나스는 핵공학과 유전공학이 초래할 묵시록적인 잠재력과 관련해서 지금까지 윤리가 대결해 보지 못했던 형이상학적인 물음을 제기한다. 즉, 자신의 유전적인 유산을 존중해야 할 인류가 왜 존재하며, 도대체 왜 생명이 존재해야만 하는가[25]라는 물음을 제기한다. 아울러 이성의 근거 제시를 토대로 해서 인류가, 지금까지 자신을 발전시켜 왔던 것처럼, 더 이상 미래를 소유하지 못하고 있으며 윤리적인 이유 때문에 멸망하기에 충분한 시점에 도달했다는 결론을 이끌어 낼 수도 있을 것이다. 만일 히틀러가 Ⅴ2뿐만 아니라 현대의 핵 파괴 잠재력이라는 수단을 가지고 있었더라면 막판에 무엇을 시도해 보았을지 누가 알 수 있겠는가? 구체적인 경우 개인의 이성에 호소하는 문제와 관련해서 "인류의 생존"은 개인으로서 — 예를 들어 자녀의 출산을 거부하는 적지 아니한 젊은 부부로서 — 의 개인을 통해서는 위협받지 아니할 것이다. 그렇다면 구체적인 경우 왜 정언적 당위가 요구되어야만 하는가?

왜 범인은 — 인간은 스스로 모험을 원하지 않는다는 전제하에 — 자신의 인질을 살해해서는 안되며, 왜 독재자는 자신의 민족을 박해해서는 안되며, 왜 한 국가가 전쟁을 유발해서는 안되며, 왜 한 힘의 집단이 비상시 인류의 다른 절반을 향해 로켓을 발사

---

25. **Hans Jonas,** 각주 43의 상게서, 특히 36, 80, 86, 91, 94쪽을 참조하라.

해서는 안되는가? 비록 자신의 관심사를 관철시킬 필요성에 직면하고 절대적으로 모든 이에게 적용되어야 할 초월적인 권위가 존재하지 않음에도 불구하고 말이다. 왜 우리 모두는 절대적으로 다르게 행동하지 않으면 안되는가? 이성의 도움으로 가끔 윤리적 요구와 그에 상반되는 요구의 근거를 제시할 수 있다면 "이성에 대한 호소"만으로 충분하지 않은가?

나. 절대적인 것만이 절대적 의무를 지울 수 있다

여기서는 간략하게 근본적인 해답만을 제시하고자 한다. 모든 인간에게 거의 천부적으로 주어져 있는, **모든** 인간의 복지를 **자기** 행위의 척도로 삼아야 한다는 "정언적 명령"만으로는 오늘날 — "선과 악의 피안"에 대한 니체의 찬양에 의하면 — 더 이상 계산이 여의치 못하다. 윤리적 요구 그리고 당위의 절대성이 지니고 있는 정언적 특성은 한계와 제약에 부딪치고 있는 인간에 의해서가 아니라, 그 대신 **절대**에 의해 그 근거가 제시된다. 즉, 개별적인 인간은 물론 인간의 본성 그리고 인간의 사회 전체를 포함하고 관통하는 포괄적인 의미를 중재해 줄 수 있는 절대에 의해서만 그 근거가 제시되어야 한다. 이 절대는 오로지 최종적이고 최고의 실재일 수 있다. 그러나 이 실재를 합리적으로 증명해 낼 수는 없다. 하지만 이 실재는 다양한 종교들에 의해 이해되고 해석되는 것처럼 **이성적 신뢰**만으로 수용될 수 있다.

적어도 예언종교 — 유태교, 그리스도교 그리고 이슬람교 — 에 있어서 모든 조건과 제한 안에 **유일한 절대**가 존재하며, 이 절대는 윤리적 요구의 절대성과 보편성의 근거를 제시한다. 이 절대는 인간과 세계의 근원, 근저 그리고 근본 목표로서 우리가

신 또는 **하느님**이라고 부른다. 이 근원, 근저 그리고 근본 목표
는 인간을 위해서는 타율적인 외부 간섭이 아니다. 이와는 반대
로 이러한 근거, 희망 그리고 방향은 인간의 참된 자아-존재와
자아-행위를 위한 가능성을 열어주고, 인간의 자아-입법과 자아-
책임을 가능케 해준다. 그러므로 신율은 타율로 이해될 것이 아
니라, 그보다는 근원, 약속 그리고 결코 인간의 임의성을 타락시
켜서는 안될 인간적 자율의 한계로 이해되어야 할 것이다. 오로
지 무한한 것에 대한 결속만이 모든 유한한 것에 대한 자유를 선
사한다. 이러한 의미에서 우리는 나치 시대의 비인간성 이후 제
정된 독일연방공화국 헌법의 전문이 책임의 두 가지 측면 — 누
구 앞에 그리고 누구를 위한 책임 — 을 지적하고 있다는 사실
을, 즉 "하느님과 인간 앞에서 져야 할 책임"[26]에 대해 지적하고
있다는 사실을 이해할 수 있을 것이다.

윤리적 요구의 절대성이 지니고 있는 근거가 종교에 따라 다양
하듯이, 종교가 윤리적 요구의 근거를 직접적으로 신비스러운 절
대자 또는 계시의 내용으로부터 제시하든, 아니면 옛 전통이나
성서 또는 경전으로부터 도출해 내든 한 가지 사실만큼은 분명하
다. 즉, 종교는 자신의 윤리적 요구의 근거를 인간의 권위가 아
닌 전혀 다른 차원의 권위로부터 제시할 수 있다는 점이다.

다. 종교의 기본 기능

종교는 절대적인 권위로서 이야기한다. 그러나 이 권위를 오로지
말과 개념, 가르침과 교의뿐만 아니라 동시에 상징과 기도, 예식

---

26. Vgl. dazu **Wolfgang. Hubers**의 논문집, Konflikt und Konsens. Studien zur
Ethik der Verantwortung, München 1990.

과 축제 — 이성적 그리고 감정적으로 — 를 통해 표현한다. 왜냐하면 종교는 단지 지성적인 엘리트를 위해서뿐만 아니라 동시에 폭넓은 민중 계층을 위해서도 인간의 전 실존을 형성하는 수단을 소유하고 있기 때문이다. 그리고 종교는 이러한 수단을 역사적으로 시험하고, 문화적으로 적응시키고 그리고 개별적으로 구체화시킨다. 하지만 종교는 모든 것을 선사할 수는 없다. 단지 인간의 삶 안에서 어떤 "더 많은 것"을 열어놓고 선사할 뿐이다.

○ 종교는 고통과 불의, 죄와 무의미에 직면하여 독특한 심층의 차원과 포괄적인 해석의 지평을 중재해 줄 수 있고, 아울러 죽음에 직면하여 삶의 마지막 의미를 중재해 줄 수 있다. 즉, **우리 현존의 어디로부터와 어디에로**를 중재해 줄 수 있다.
○ 종교는 최고의 가치, 절대적 규범, 깊은 동기 그리고 높은 이상을 약속할 수 있다. 즉, **우리 책임의 왜와 무엇을 위해서**에 대해서를 약속해 줄 수 있다.
○ 종교는 공동의 상징, 예식, 체험 그리고 목표를 통해 신뢰, 믿음 확실성의 고향을 창조하고, 자아-강화, 안정 그리고 희망을 창조해 낼 수 있다. 즉, **정신적인 공동체성과 고향**을 창조해 낼 수 있다.
○ 종교는 불의한 상황에 대한 항의와 저항의 근거를 제시해 줄 수 있다. 즉, 지금 벌써 부단하게 작용하는 **"전적인 타자"에 대한 갈망**의 근거를 제시해 줄 수 있다.

하나인 절대자(신)에게 자신을 연계시키는 참된 종교는, 그것이 무신론적인 "이성의 여신"이든 아니면 근대의 판테온 신전에 있는 모든 신들을, 즉 과학(자연과학), 기술(하이테크), 산업(자본)이라는 신들을 동반하는 "진보의 신"이든 상대적인 것을 절대화시키고 우상화시키는 **유사 종교나 사이비 종교들과 본질적으로 구별된다.** 이 모든 신들은 후기 근대에 들어와서는 탈신화화되었고 탈이념화되었다. 즉, 상대화되어 버렸다. 우리는 이러한 신들을 새로운 세계 상황 안에서 새로운 우상, 예를 들어 모든 가치를 종속시키는 "세계 시장"으로 대체시켜서는 안된다. 그보다는 오히려 한 분이신 참된 하느님에 대한 쇄신된 믿음을 통해 대체되어야 한다. 자신을 하나이고 유일한 신에게 연계시키는 **참된 종교**는 후기 근대에서 다시금 더 많이도 더 적지도 아니한 **새로운 기회**를 맞이하게 되었다.[27]

하지만 여러 가지 방법으로 종교에 대해 언급하는 곳에는, 항상 종교 서로가 일치를 이루지 못하고 있으며, 절대자에 관한 종교의 진술뿐만 아니라, 인간의 윤리에 관한 진술 역시 상이하고, 심지어는 서로 모순되고 있다는 반론에 부딪치고 있다는 사실을 직시해야 한다.

---

27. Vgl. **P. L. Berger,** The Social Construction of Reality, New York 1966; dt.: Die gesellschaftliche Konstruktion der Wirklichkeit. Eine Theorie der Wissenssoziologie, Frankfurt 1970; **ders.,** The Sacred Canopy. Elements of a Sociological Theory of Religion, New York 1967; dt.: Zur Dialektik von Religion und Gesellschaft. Elemente einer soziologischen Theorie, Frankfurt 1973; **ders.,** A Rumor of Angels. Modern Society and the Rediscovery of the Supernatural, New York 1969; dt.: Auf den Spuren der Engel. Die moderne Gesellschaft und die Wiederentdeckung der Transzendenz, Frankfurt 1970. **F. X. Kaufmann,** Religion und Modernität. Sozialwissenschaftliche Perspektiven, Tübingen 1989. Vgl. **N. Luhmann,** Funktion der Religion, Frankfurt 1977; **ders.,** Society, Meaning, Religion – Based on Self-Reference, in: Sociological Analysis, Vol. 46 / 1985, S.5-20.

제5장

세계 종교들과 세계 윤리

실제로 종교들은 완전히 상이하고 서로 모순되는 이론적인 구상 또는 실천적인 구상을 제공하고 있지 않은가? 종교들은 그 가르침과 경전은 물론 예식과 제도 그리고 윤리와 규율에 있어서도 서로 **구별**되지 않은가? 다양한 종교에 속하는 구성원들은 거의 대부분 실천에 있어서 서로 분명하게 일치를 이루지 못하고 있다는 사실을 너무나도 잘 알고 있다. 예를 들어 그리스도인들은, 이슬람교도들과 불교도들에게는 어떤 형태로든지 음주가 허용되지 않는다는 사실을 잘 알고 있으며, 이슬람교도들과 불교도들은, 그리스도인들에겐 음주가 허용된다는 사실을 잘 알고 있다. 유태교인들과 그리스도인들은, 그리스도인들이 돼지고기를 먹을 수 있다는 사실을 알고 있으나, 그리스도인들은 유태교인이나 이슬람 교인들이 돼지고기를 깨끗하지 못한 음식으로 여기고 있다는 사실을 또한 알고 있다. 시크교도들과 정통 유태교인들에게는 수염이나 머리를 깎는 것이 허용되지 않지만, 힌두교인들, 그리스도인들 그리고 이슬람 교인들에게는 수염 또는 머리를 깎는 것이 허용된다. 그리스도인들에게는 짐승을 죽이는 것이 허용되지만 불교도들에게는 살생이 금지된다. 이슬람 교인들에게는 여러 명의 부인을 취하는 것이 허용되지만, 그리스도인들은 한 명의 부인만을 취해야 한다.

하지만 상이한 종교에 속하는 구성원들이 서로 어떤 윤리적인 **공통점**을 지니고 있는지도 잘 알고 있을까? 결코 잘 알지 못하고 있는 것 같다. 왜냐하면 모든 대 종교들은 일치시키는 바 그것은 원천의 개별적인 바탕 안에서 정확하게 작업되어야 하기 때문이다. 이것은 다양한 종교에 속하는 학자들이 연구해야 할 중요한 과제이기도 하다. 하지만 현재 진행되고 있는 연구의 단계에서 벌써 몇 가지 중요한 공통점이 밝혀지고 있다. 이 공통점은 대 종교들의 차이, 모순, 불일치성 그리고 배타성을 두드러지게 강조하는 데 관심을 집중시키지 아니하고, 그 대신 모든 차이점에도 불구하고 책임의 원리와 관련해서 서로를 일치시키는 바 그것에 대해 관심을 집중시키고 있다.[1] 필자는 종교들이 각자 **매우 상이한 교의 체계와 상징 체계에도 불구하고** 자신을 철학, 정치적 사안, 국제적인 기구 그리고 온갖 종류의 범교육적인 노력으로 구별짓는 **윤리의 증진을 위해 무엇을 이행할 수 있는가**라는 물음을 제기한 바 있다. 여기서는 이 점과 관련된 여섯 가지 관점들에 대해 간략하게나마 주의를 환기시키고자 한다.[2]

---

1. Vgl. dazu **H. Küng – J. van Ess – H. von Stietencron – H. Bechert,** Christentum und Weltreligionen. Hinführung zum Dialog mit Islam, Hinduismus und Buddhismus, München 1984. **H. Küng – J. Ching,** Christentum und Chinesische Religion, München 1988.

2. 세계 종교의 윤리에 대해서는: Vgl. C. H. Ratschow (Hrsg.), Ethik der Weltreligionen. Ein Handbuch. Primitive, Hinduismus, Buddhismus, Islam, Stuttgart 1980. P. Antes u.a., Ethik in nichtchristlichen Kulturen, Stuttgart 1984. Vgl. auch die von M. Klöcker und U. Tworuschka herausgegebene Reihe "Ethik der Religionen — Lehre und Leben", München-Göttingen 1984ff.

세계 종교들의 윤리적 조망

가. 인간의 복지

종교는 항상 자신의 제도, 구조 그리고 교계 제도가 포함하고 있는 권력을 유지하기 위한 유혹을 받아왔고, 지금 현재에도 받고 있다. 그뿐만 아니라 종교는 원하기만 한다면 다른 윤리적인 힘의 도움으로 세계의 여러 국제적인 기구보다 더 많이 **인간의 복지**를 주요 관심사로 삼고 있다는 사실을 확실하게 믿게끔 할 수도 있다. 왜냐하면 모든 대 종교들은 자신의 권위로서 모든 인간적인 제도의 독특한 역학 관계에 직면하여, 다양한 개체 또는 집단의 독특한 관심사에 직면하여 그리고 대중 매체를 통한 정보의 전달에 직면하여 **종교적 기본 방향**을 제공하기 때문이다.

이러한 사실을 좀더 구체화시켜 보고자 한다. 예언종교를 통해 참으로 신에 대한 믿음을 실천하는 자는 실천을 통해 시종일관 인간의 복지를 실현하는 관심사를 중요하게 여길 것이다. 하느님 사랑과 이웃 사랑이라는 유태교의 이중 계명 그리고 예수의 산상 설교를 통한 이중 계명의 철저화 — 원수 사랑에 이르기까지 — 는 물론 정의와 진실 그리고 선행에 대한 코란의 부단한 요구 등이 그러하다. 아울러 인간의 고통을 극복해야 한다고 가르치는 불교의 가르침은 물론 "다르마"(dharma)를 성취하고자 하는 힌두교의 노력, 우주의 질서와 인간성을 보호하도록 하는 유교의 요구에 대해서도 언급되어야 할 것이다. 도처에서 절대적인 권위와 더불어 — 오로지 종교만이 할 수 있는 그리고 허용되는 — 인간의 복지와 존엄성이, 인간적 윤리의 기본 원리 또는 행동의 목표로 강조되고 있다. 즉, 인간의 삶의 윤리, 통합성, 자유 그리고 구체적인 상황에서의 연대성 등이 강조되고 있다. 인간의 자유와 인간의 권리는 오로지 이렇게 해서만이 적극적으로 확립될 뿐만 아니라, 그 깊은 의미를 통해 그리고 종교적으로 그 근거를 마련하게 된다.

나. 기본적 인간성의 최대 요구

종교는 또한 고유한 전통, 신비로운 교의 그리고 예배 규정을 통해 고착화되고 안주하려는 유혹을 받아 왔고 지금도 받고 있다. 하지만 종교는 원하기만 한다면 정치가·법률가·철학자보다 더 큰 권위와 설득력으로 **기본적 인간성의 최대 요구**를 실현시킬 수 있다. 왜냐하면 모든 대 종교들은 "타협이 불가능한 척도", 윤리규범 그리고 행동을 유발시키는 최대치를 요구하기 때문이다. 이러한 최대 요구는 절대자에 의해 그 근거가 제시되고 그렇기 때문에 수많은 인간을 위해서도 절대적인 효력을 발생시킨다.

구체적으로 **모든** 대종교들은 경제와 정치에 응용할 수 있는 다섯 가지 계명, 즉 ① 살인하지 말라, ② 거짓말하지 말라, ③ 훔치지 말라, ④ 간음하지 말라, ⑤ 부모를 공경하고 자녀를 사랑하라는 계명을 지니고 있다. 이러한 계명들은 많은 사람들에게 보편적인 것으로 들린다. 하지만 예를 들어 "훔치지 말라"는 계명이 인간의 보편적인 의식 안에 나타나고 부패된 악에 적용시키기 위해서는 얼마나 많은 변화가 시도되어야 할 것인가?

이처럼 절대적인 효력을 지니고 있는 규범은 순간과 찰나에만 집착하고 끝내는 상황을 추종하는 **원칙 없는 방임주의**에 저항한다. 마찬가지로 이러한 규범은 구체적인 상황을 전적으로 무시한 채 오로지 법률의 자구만을 준수하려고 하는 **자유 없는 율법주의**의 정신으로서 적용되는 것을 거부한다. 피임, 임신중절 그리고 안락사 등과 같은 복잡한 물음에 직면하여 우리는 그 해답을 찾기 위해 단순히 성서 또는 경전을 참고할 수는 없다.

여기서 항상 고려해야 할 것은, 윤리는 강령도 전술도 아니라는 점이다. 오로지 율법(율법 윤리)만이 지배해서는 안되고 동시에 상황(상황 윤리)만이 지배해서도 안된다. 왜냐하면 상황을 무시하는 규범은 속빈 강정이고, 규범을 무시하는 상황은 맹목적인 것이기 때문이다. 오히려 규범은 상황을 밝혀야 하고 상황은 규범을 결정해야 한다. 그러므로 윤리적 선은 단순히 추상적인 선 또는 옳음이 아니다. 그보다는 구체적인 선이고 옳음이다. 즉, 적절하고 타당한 것이다. 다르게 표현해 본다면, 오로지 어떤 상황 안에서만이 요구는 구체적인 것이 될 수 있다. 물론 당사자 자신이 스스로 판단해야 하는 일정한 상황 안에서 요구는 절대적일 수 있다. 이것은 우리의 당위는 항상 상황과 밀접하게 관련되어 있다는 것을 의미하고, 일정한 상황 안에서 당위는 ― 조건과 구실을 배제하는 ― 정언적이 될 수 있다는 것을 의미한다. 그러므로 모든 구체적인 윤리 결단에는 보편적이고 규범적인 불변과 특별히 상황 조건적인 변수가 결합되어야 한다.[3]

다. 중용이라는 합리적인 길

종교는 물론 개인 윤리뿐 아니라 사회 윤리, 성 윤리, 경제 윤리, 국가 윤리를 포함해서 율법적으로 엄격하고 극단적인 위치를

---

3. 상황에 적합한 규범의 적용에 대해 필자는 in CS Kap. D II, 1 behandelt: Normen des Menschlichen에서 다룬 바 있다.

고집하려는 유혹을 받아왔고 지금도 받고 있다. 그럼에도 불구하고 원하기만 한다면 종교는 이 지구상에 살고 있는 수많은 사람들을 위해 **방임주의와 율법주의 사이에서 중용이라는 합리적인 길**을 발견할 수도 있다. 왜냐하면 모든 대 종교들은 개별적인 그리고 집단적인 경향, 감정, 관심사가 내포하고 있는 복합성과 관련해서 하나의 중용의 길을 암시하는 행위 창조자를 요구하기 때문이다.

구체적으로 이 중용의 길은 소유욕과 소유의 경멸 사이의 길이고, 쾌락주의와 금욕주의 사이, 감각적 향락과 감각의 적대시 사이, 세계 애착과 세계 부정 사이의 길이다. 이 중용의 길은 힌두교도들의 삶 전체를 구성하는 경신적이고 사회적인 의무일 수도 있고, 세계와의 교제에 있어서 불교도들의 "방념"일 수도 있으며, 유교도들의 지혜론일 수도 있으며, 하느님 앞에 선 인간으로 하여금 세계 안에서 자신이 져야 할 책임을 암시하는 토라와 탈무드의 계명일 수도 있으며, 율법주의적인 색채를 띠지도 아니하고 그렇다고 금욕주의적인 색채를 띠지도 아니하는 예수의 복음일 수도 있으며, 또는 합리적이면서도 일상의 요구를 향해 정향하는 코란의 가르침일 수도 있다. 어떠한 경우이든 책임의식을 동반하는 행위 ─ 자신에 대해 그리고 주위 세계에 대해 ─ 가 요구되고 있다. 모든 종교들은 단지 일정한 놀이 규칙을 요구하는 것이 아니다. 그보다는 인간의 행위를 내부로부터 조절할 수 있는, 하지만 율법의 규정이 동일한 방법으로 수행할 수 없는 일정한 **전제, 태도, 덕목**을 요구하고 있다. 중용이라는 합리적인 길을 현재의 사회적인 상황 안으로 해석해서 옮겨 놓는다면, 그것은 무시된 합리주의와 애처로운 비합리주의 사이, 과학 신앙과 과학 저주 사이, 기술 쾌감과 기술 적개심 사이 그리고 단순한 형식민주주의와 전체적인 민족민주주의 사이의 길을 의미한다.

라. 황 금 률

물론 종교는 여러 가지 잡다한 계명, 규정, 법규 그리고 조항의 덤불 속에 파묻히고자 하는 유혹을 받아왔고, 지금도 여전히 받고 있다. 하지만 종교는 원하기만 한다면 철학과는 전혀 다른 권위로써, 자신의 규범을 상황적으로 적용시키지 아니하고 정언적으로 적용시킬 수 있을 것이다. 종교들은 인간에게 최고의 양심규범과 현대사회를 위한 매우 중요한 **정언적 명령**을 제공할 수 있으며, 이 정언적 명령은 전혀 다른 깊이와 원칙 안에서 의무를 부과한다. 왜냐하면 모든 대 종교들은 가정적이고 조건적인 규범 뿐 아니라, 동시에 정언적이고 자명한 **절대적 규범** — 매우 복잡한 상황에 직면하여 개별적으로 또는 집단적으로 매우 유용하게 행동할 수 있는 — 즉, **"황금률"**(Goldene Regel) 같은 것을 요구하고 있기 때문이다.

이 "황금률"은 이미 공자에게서 확인된 바 있다. 즉, "네 자신이 원하지 않는 바를 다른 사람에게도 행하지 말라"(기원전 551~489년경, 공자).[4] 아울러 유태교의 경우에도 "다른 사람이 너에게 행하기를 원하지 않는 바 그것을 다른 사람에게 행하지 말라"(기원전 60~기원후 10년경, 랍비 힐렐[5])는 황금률이 확인되고 있으며, 그리스도교의 경우에도 확인되고 있다. "여러분들은 무엇이든지 사람들이 여러분을 위해 해주기를 바라는 바 그대로 그들에게도 해주시오."[6] 칸트의 정언적 명령은 이러한 황금률의 현대화, 합리화 그리고 세속화로 이해될 수 있을 것이다. "네 의

---

4. **Konfuzius,** Gespräche 15,23.

5. **Rabbi Hillel,** Sabbat 31 a.

6. Mt 7,12; Lk 6,31.

지의 기준이 언제든지 보편적인 입법의 원리가 될 수 있도록 그렇게 행동하라."[7] 또는 "너의 인격은 물론 다른 사람의 인격까지도 포함하여 인간을 언제든지 수단으로서가 아니라 목적으로서 그렇게 행동하라."[8]

마. 윤리적 동기들

물론 종교들은 인간을 권리로서 명령하고 인간에게 맹목적인 순종을 요구하며, 인간의 양심을 억압하고자 하는 유혹을 받아왔고 지금도 여전히 받고 있다. 하지만 종교는 원하기만 한다면 설득력있는 **윤리적 동기들**을 제공할 수 있다. 특히 오늘날 젊은 세대들에게 많이 나타나는 억압, 권태 그리고 무감각에 직면하여 종교들은 원초적인 전통으로부터 시대에 적절한 형태로 설득력있는 **행동의 동기들**을 제공할 수 있다. 즉, 철학의 영원한 이데아, 추상적인 원리 그리고 보편적인 규범뿐만 아니라 동시에 서로의 삶의 태도와 새로운 삶의 양식을 생생하게 구체화시키는 동기들을 제공할 수 있다.

이러한 사실을 구체화시켜 보면, 오늘에 이르기까지 부다, 예수 그리스도, 공자, 노자 그리고 예언자 마호메트 등 세계 종교를 이끌어가는 위대한 인물들의 가르침과 생애를 통해 나타나는 삶의 모델이 인간의 행동 동기 부여에 영향을 미쳤다. 선, 규범, 모델 그리고 표징에 대한 지식은 개인에게는 사회적으로 중재되었다. 그러나 부다, 예수 그리스도, 공자, 노자 또는 마호메트를

---

7. **I. Kant,** Kritik der praktischen Vernunft A 54, in: Werke Bd IV, Frankfurt-Darmstadt 1956, S.140.

8. **ders.,** Grundlegung zur Metaphysik der Sitten BA 66f., in: Werke, Bd IV, S. 67; Vgl. S.71.

추종하는 데 있어서 인간에게 새로운 삶의 양식을 가르칠 것인가, 아니면 요구를 수반하는 구체적인 삶의 모델에 대한 암시와 더불어 이러한 새로운 삶의 양식에로 초대할 것인가 하는 문제는 결정적인 차이점을 드러내고 있다.

바. 의미 지평과 목표 설정

물론 종교는 윤리적인 요구를 오로지 다른 사람에게만 설교하고 그 대신, 자아 비판적인 의미에서, 먼저 자기 자신에게는 적용시키지 아니하는 이중의 윤리를 실천하고자 하는 유혹을 받아왔고 지금도 받고 있다. 하지만 종교들은 원하기만 한다면 오늘날에도 여전히 — 아니면 오늘날 다시금 새롭게 — 가르침, 윤리 그리고 예식과 관련해서 수많은 사람들이 느끼고 있는 무의미와 공허함에 직면하여 독특한 설득력으로 신뢰할 만한 **의미 지평**은 물론 최종적인 **목표 설정**도 제시할 수 있을 것이다.

이러한 사실을 구체화시켜 보면, 모든 종교는 지금 그리고 여기 이미 작용하는 최종적인 실재 — 그것이 고전적인 유태교의 "부활"이든, 그리스도교의 "영원한 삶"이든, 이슬람교의 "낙원"이든, 힌두교의 "모크샤"이든, 불교의 "열반"이든, 아니면 도교의 "불멸성"으로 다르게 표현될 수 있든 — 삶, 역사, **전체의 의미**에 대한 물음에 대답한다. 고뇌와 실패에 대한 체험 그리고 좌절에 직면해서 종교들은 죽음을 뛰어넘는 의미를 지금 그리고 여기에 계속해서 중재해 줄 수 있으며, 이러한 중재는 비록 윤리적 행위가 실패하는 곳에서도 계속된다.

종교들의 특별한 관여

가. 평가 기준과 구별 기준

하나의 공동의 세계 윤리를 위해서는 오로지 신앙인과 비신앙인과의 일반적인 의미의 제휴만이 필요한 것이 아니다. 동시에 다양하고 상이한 종교들의 특별한 관여도 필요하다. 만일 종교들의 모든 지도자들이 전쟁을 부추기기를 중지하고 그 대신 민족들 사이의 화해와 평화를 증진시키는 데 앞장선다는 것은 무슨 의미가 있으며, 사회정의와 창조의 보존에 대한 요구를 소홀히 취급하지 아니하고 혼신의 윤리적인 힘으로 그 요구를 지지한다는 것은 무슨 의미가 있으며, 이 모든 것들은 지구에 살고 있는 수많은 사람들에게 있어서 도대체 무슨 의미가 있는 것일까?

개별적인 인간의 **양심**("마음")에 호소하는 대 종교들의 지지가 없이는, 아마도 1987년 프랑크푸르트의 바울로 교회에서 거행된 평화상 수상식 연설을 통해 요나스가 적절하게 경고한 바 있는 의무의 자발적인 제한, 즉 "우리가 가지고 있는 힘의 고삐를 장악해야 할 의무, 미래의 인류를 위해 우리가 누리고 있는 향락을 단축시켜야 할 의무"[9]를 폭넓은 지지를 받는 실천으로 전환시키는 데 있어서 성공하지 못할 것이다. 아울러 취리히의 사회윤리학자인 리히의 "우리는 '항상 더 많이'의 경제로부터 '이제 충분함'의 경제에로 귀환해야 한다"[10]라는 요구 역시 그러할 것이다.

---

9. **Hans Jonas,** Wissenschaft als persönliches Erlebnis, Göttingen 1987, S.39.

프랑크푸르트의 사회윤리학자 헹스바흐는, 금세기의 산업 자본을 윤리적으로 변화시킨 것은 사회적·윤리적으로 동기를 부여받은 운동들 — 노동 운동, 여성 운동, 환경 운동, 평화 운동 등 — 이었으나, 이러한 운동들을 경제와 경제학의 대표자들은 간과해 버렸다는 사실을 분명하게 제시한 바 있다.[11] 수많은 인간들을 **세계 윤리의 건설을 위하여 동원**하는 데 있어서 **세계 종교들**보다 더 적절한 자가 누구가 있을까? 종교들이 윤리적인 목표를 명확하게 제시하고, 윤리적인 지도 이념을 제시하고, 인간에게 이성적으로는 물론 정서적으로도 동기를 부여하여 그 결과 윤리의 규범들이 생생하게 실천될 수 있도록 인간을 동원할 수 있을 것이다.

유전공학으로부터 시작해서 국제적인 부채 위기에 이르기까지의 상황은, 어떤 윤리적 원리 그리고 규범으로부터 직접적으로 과학적·경제적·의학적 또는 사회적인 해결책이 아니면 구체적인 행동 지침을 도출해 낼 수 없을 만큼 너무나도 복잡하다. 하지만 — 인간의 복지를 위해 — **윤리적 원리와 규범을 평가 기준 또는 구별 기준으로서** 그리고 논의와 구체적 결단을 위한 대상으로서 제시할 수 있을 것이고 또 제시해야 한다. 즉, 인권을 위한 토대, 심화, 구체화로서 기여할 수 있는 세계의 공동적이고 기본적인 윤리를 합리적으로 그리고 종교적으로 제창하기 위한 기준으로서 제시할 수 있을 것이다.

---

10. **Arthur Rich,** Wirtschaft aus christlicher Sicht (Bericht), in: Luzerner Tagblatt vom 20.1.1990. Vgl. ders., Wirtschaftsethik. Grundlagen in theologischer Perspektive, Gütersloh [3]1987.

11. Vgl. **Friedhelm Hengsbach,** Gegen die Blockade. Soziale Bewegungen haben den Kapitalismus ethisch verwandelt, in: Die Zeit vom 21.4.1989.

나. 전지구적인 악덕과 덕목

필자가 이미 서문에서 언급한 바를 여기서 다시 한번 더 되풀이
하고자 한다. 세계 종교들을 결속시키는 윤리에 대한 물음과 관
련해서 여기서는 하나의 실마리만을 제시하고자 한다.[12] 전문가들
은 계속 연구를 진행하도록 요청받고 있다. 아마도 그리스도교의
덕행 목록 그리고 악덕 목록 — 예를 들어 대 그레고리오 이래
열거해 온 일곱 가지 **죄의 뿌리**, — 흔히 7**죄종**으로 부르는 것
으로서 교만 · 질투 · 탐욕 · 분노 · 부정 · 방종 · 태만 — 에 대한
직접적인 또는 간접적인 비교를 다른 종교에서도 발견할 수 있을
것이다. 또한 희랍인들로부터 전승된 지혜, 용기, 절제, 정의라
는 4**추덕**에 대한 비교도 발견할 수 있을 것이다. 어쩌면 세계 종
교들의 윤리학자들의 연구에 의한 이른바 보편적으로 퍼져 있는
"세계 악덕" 또는 보편적으로 요구되는 **"세계 덕목"**이라는 것
이 존재하지 않을는지? 만일 존재한다면 세계 종교들은 왜 세계
악덕과의 싸움에 그리고 세계 덕목의 신장에 투신하지 않는지?

이러한 사실은 물론 다른 종교의 경우에도 쉽게 확인된다. 예
를 들어 불교에서 자족과 평정을 높이 평가한다면, 세계가 착취
당하지 아니하고 존중된다면, 인간이 결코 수단으로서가 아니라
목적으로서 평가된다면, 재산의 소유보다 앎이 더 소중하다면 그
리고 앎보다 지혜가 더 소중하다면, 슬픔이 절망의 이유가 될 수
없다면 그리스도교에서도 이러한 태도 — 전체 맥락의 차이에도

---

12. Vgl. **G. W. Hunold – W. Korff** (Hrsg.), Die Welt für morgen. Ethische
Herausforderungen im Anspruch der Zukunft, München 1986, bes. Kap. IX:
Die interkulturell-religiöse Herausforderung (H. Waldenfels, K.-W. Merks, H.
Bürkle), S.357-389.

불구하고 — 에 대한 비교를 발견할 수 있을 것이다. 아니면 이슬람교가 특히 질서의 의미와 정의의 추구를 높이 평가한다면 그리고 용기와 방념의 덕행에 각별한 가치를 부여한다면, 동시에 관용, 겸손 그리고 공동체 정신을 통해 자신의 특징을 드러낸다면, 이러한 덕행은 틀림없이 유태교 또는 그리스도교에서도 발견될 것이다.

다. 첫번 공동 선언

여기서 필자가 간략하게 묘사한 것은 물론 종교들이 **원한다면 할 수 있다**는 이상적인 계획에 지나지 않는다는 것을 인정하지 않을 수 없다. 그러나 모든 대 종교들의 현실은 가끔 이러한 계획을 조롱하고 있고, 이 점은 이미 잘 알려져 있기도 하다. 모든 대 종교들의 경우 — 대부분의 국가의 경우처럼 — 인권의 실현에 있어서 소극적이고 독창적인 종교윤리와 보편적인 인간윤리 사이에 긴장과 갈등을 노출시키고 있다. 예를 들어 가톨릭 교회의 경우 피임의 금지와 관련해서, 이슬람교의 근본주의의 경우 여자, 이교도 그리고 비이슬람교도들을 대하는 태도와 관련해서, 힌두교의 경우 카스트 제도의 고집과 관련해서 긴장 또는 갈등을 노출시키고 있다. 이 모든 것들은 종교에 대해 제기되는 진지한 물음이기도 하다. 하지만 그것은 종교 자체의 높은 윤리적 요구에 대한 부정은 아직 아니다. 종교는 자기 스스로를 유포하는 윤리의 척도를 세상에 설교하기 전에 우선 철저하게 자신에게 적용시킬 때 비로소 설득력을 얻게 될 것이다.

총체적인 윤리 책임과 관련해서 의식의 전환 과정이 종교 안에서 진행되고 있다는 사실을 부인할 필요는 없다. 이러한 진행 과정에 있어서 윤리는 다양한 이론적인 관련 체계에 관심을 기울이기보다는 오히려 실천적으로 삶 안에 행동하고 또는 단념해야 하는 것이 무엇인지에 대해 관심을 기울이고 있다는 사실이 드러난 바 있다. 이러한 **실천**과 관련해서 글자 그대로 진정한 의미의 종교적인 인간들이 다양한 종교들로부터 다시금 재발견되고 그 결과 이해받기도 했다. 즉, 고뇌하고, 상처입거나 아니면 비난받는 구체적인 인간에게 그리스도교적인 태도, 불교적인 태도, 유교적인 태도 또는 힌두교적인 태도가 어떤 도움을 제공할는지 하는 것은 당사자 자신에게는 아무래도 좋은 일일 수 있다. 바로 이러한 의미에서 비록 다양한 종교들이 지니고 있는 이론적인 전제조건과 고리가 상이하다 할지라도 **공동의 행위와 단념**에 도달할 수 있게 될 것이다.

이러한 사실은 1970년 일본의 교토에서 폐막된 "평화를 위한 종교들의 세계 대회"의 선언이 분명하게 확인해 주고 있다. 이 선언은 구체적이고 보편적인 윤리 그리고 **세계 사회에 봉사하는 세계 종교의 세계 윤리**가 어떤 것일 수 있는지에 대해 매우 탁월한 방법으로 표현하고 있다. "우리 바하이교 · 불교 · 유교 · 그리스도교 · 힌두교 · 자연 종교 · 유태교 · 이슬람교 · 신도 · 시크교 · 조로아스터교 그리고 여타 종교의 지도자들 모두는 평화의 실현이라는 공동의 관심사를 위해 여기 모였다. 평화라는 중대한 주제에 대해 논의하기 위해 모인 우리들은, 우리를 분리시키는 것보다 우리를 일치시키는 것이 훨씬 더 중요하다는 사실을 발견하였다. 그리고 우리가 공동으로 소유하고 있는 바를 발견하게 되었다.

○ 인류 가족의 근본적 일치, 인간의 동등과 존엄에 대한 확신
○ 개인과 그 양심의 불가침에 대한 인식
○ 인간의 사회가 지니고 있는 가치에 대한 의식

○ 권력은 동시에 권리가 아니며, 인간의 권력은 스스로 자족할
  수 없으며 그리고 절대적일 수 없다는 인식
○ 사랑, 동정, 몰아 그리고 정신과 내적인 진리의 힘이 궁극적
  으로는 증오, 적개심 그리고 이기심보다 훨씬 더 강한 힘을
  소유하고 있다는 믿음
○ 부자와 억압자에 저항하여 가난한 자와 억압받는 자의 편에
  가담해야 할 의무감의 느낌
○ 궁극적으로는 선의가 승리하리라는 희망.[13]

이러한 선언의 내용은 훌륭하지만 아직은 너무 일반적이고 또 많
은 사람들은 이 선언에 대해 이의를 제기할 것이다. 물론 이러한
선언의 내용은 구체화되어야 한다. 바로 그렇기 때문에 세계 윤
리에 관한 1부의 논의를 끝내면서 아마도 그리스도교가 — 다른
종교보다 더 많이 세속화의 움직임에 의해 상처받고, 하지만 이
세속화의 움직임을 통해 더 많이 도전받고 있는 — 하나의 가능
성을 내포하고 있는 세계 윤리의 건설을 위해 구체적인 기여를
할 수 있는가라는 물음을 제기하지 않을 수 없다. 이 물음에 대
한 대답은, 지금까지는 이러한 세계 윤리에 대해 직접적으로 별
다른 관심을 보이지 않았으나 하지만 그리스도교가 지니고 있는
일련의 태도들이 세계 윤리에 대해 관심을 기울이는 방향으로 유
익하게 기여할 것이다라는 것이다.

---

13. Religionen, Friede, Menschenrechte. Dokumentation der ersten
    "Weltkonferenz der Religionen für den Frieden". Kyoto 1970, hrsg. von A.
    Lücker, Wuppertal 1971, S.110.

제6장

그리스도교의 구체화

1988년 슈트트가르트(Stuttgart)에서는 독일 지역의 그리스도교 교회들이, 1989년 5월 바젤(Basel)에서는 유럽 지역의 그리스도교 교회들이, 1990년 3월 서울에서는 세계 지역의 그리스도교 교회들이 만났다. 이러한 만남은 "정의, 평화 그리고 창조의 보존"을 증진시키기 위한 계획에 관심을 집중시켰다. 특히 바젤의 문서는[1] 서울의 만남에서는 대표들의 상이한 발언으로 바젤과 동일한 수준에 이르는 문서가 발표되지 못했으나, 후기 근대를 위한 그리스도교의 기여를 전형적으로 제시하고 있다.

---

1. "Frieden in Gerechtigkeit für die ganze Schöpfung". Texte der Europäischen Ökumenischen Versammlung Frieden in Gerechtigkeit, Basel, 15.-21. Mai 1989, und des Forums "Gerechtigkeit, Frieden und Bewahrung der Schöpfung" der Arbeitsgemeinschaft christlicher Kirchen in der Bundesrepublik Deutschland und Berlin (West) e.V., Stuttgart, 20.-22. Oktober 1988, hrsg. vom Kirchenamt der Evangelischen Kirche in Deutschland (EKD), Hannover.

전형적인 그리스도교의 기여

가. 교회의 자기 비판

바티칸 그리고 세계교회협의회가 발표한 다른 많은 문서들과는 달리, 바젤에서 만난 교회의 모임은 세계를 향해 자기 정당성을 설교하지 아니하고 그 대신 먼저 교회의 자아 비판을 행사했다. 그리스도교의 교회들은 지난날 자신들의 과오를 인정했다. 여기에 자아 비판의 내용을 원문 그대로 인용해 보고자 한다.[2]

o "우리는 모든 창조물에 대한 하느님의 자애를 증거하지 못하고 **하느님의 창조**의 일부로서 우리의 자아 이해에 부합하는 삶의 양식을 계발하지 못함으로써 과오를 저질렀다.

o 우리는 **교회들의 분리**를 극복하지 못함으로써 그리고 우리에게 위임된 권위와 권력을 가끔은 인종차별, 성의 차별 그리고 국수주의를 강화시키는 데 남용함으로써 과오를 저질렀다.

o 우리는 **전쟁**을 유발함으로써, 중재와 화해를 위해 헌신할 수 있는 모든 가능성을 활용하지 못하고 오히려 전쟁을 옹호하고 가끔은 너무 안이하게 정당화시킴으로써 과오를 저질렀다.

o 우리는 권력과 부를 남용하고, 자신만의 이익을 위해 세계의 자원을 착취하고, 가난과 소외를 구조적으로 조직화하는 **정치와 경제 체제**를 문제삼지 않음으로써 과오를 저질렀다.

---

2. Vgl. a.a.O, S.24.

○ 우리는 유럽을 세계의 중심지로 여기고 우리 자신을 **세계의 다른 부분**으로 우월하다고 생각함으로써 과오를 저질렀다.

○ 우리는 **모든 생명**이 지니고 있는 신성함과 **존엄성**에 대해 그리고 우리가 모든 인간에게 동일한 방법으로 빚지고 있는 존중은 물론 모든 인간들이 자신의 권리를 행사할 수 있도록 모든 가능성을 제공해야 할 필요성에 대해 부당한 증언을 포기함으로써 과오를 저질렀다. …"

그러나 참된 의미의 그리스도교는 ― 다른 종교들도 마찬가지로 ― 자신의 과오를 고백하는 것만으로 만족할 수 없고 그 결과인 **철저한 변화**가 요구된다. 즉, 변화의 영향이 미치는 정치가, 사회 계획가, 심리학자, 정당 그리고 제 단체들을 곤혹하게 만드는 철저한 변화가 요구된다. **의식**의 변화, 심리적 **태도**의 변화, 전체적인 **정신 상태**의 변화, **인격의 핵심**, "마음"의 변화가 요구된다. 그리스도교는 인간의 변화를 그 핵심으로부터 지향한다. 절대자이신 하느님과의 대결에 직면하고 있는 인간의 핵심으로부터의 변화를 지향한다. 바로 이것이 성서의 말마디 "메타노이아" (*metanoia*, 회심)가 뜻하는 바이다. 즉, 근본적인 "사고의 전환", 절대자이신 하느님에게로의 인간의 "귀환"을 의미한다.

나. 통합적인 인간적 확신과 관련한 새로운 기본 동의

아무도, 만일 그가 하느님을 믿는다면, 오늘날 "근대가 이루어 놓은 업적"인 자유, 평등성, 형제애, 민주주의 그리고 인권을 거부할 필요는 없다. 오늘날 **종교적** 현실 지향과 **과학적** 세계상은 물론 **종교적** 신앙과 **정치적** 참여는 서로를 배제하지 않는다. 프랑스 혁명 200년이 지난 후 다행스럽게도 대부분의 국가뿐 아니라 그리스도교의 교회들도 원칙적으로는 오랫동안 거부해 왔던 그리고 가톨릭 교회 내부에서는 유감스럽게도 아직도 여전히 ─ 여성, 사제, 신학자들과 관련해서 ─ 실현되지 않고 있는 프랑스 혁명의 근본적인 가치와 확신을 긍정하고 있다. 그러나 ─ 프랑스의 계몽주의에서보다 영국의 계몽주의에서 널리 통용되던 사고 ─ 그리스도교의 신앙은, 순수한 경험이 확실하게 근거를 제시할 수 없는 바 그것의 근거를 설득력있게 제시할 수 있다고 말할 수 있을 것이다. 즉, 하느님에 대한 인간의 ─ 하느님의 모상 ─ 특별한 관계를 통해 모든 경험을 뛰어넘는 내용의 근거가 철저하게 제시될 수 있다.

○ 인간적 인격의 존엄성
○ 인간의 양도할 수 없는 자유
○ 모든 인간의 원칙적인 평등성
○ 모든 인간 상호간의 불가피한 연대성

물론 프랑스 혁명 200년 이후 ─ 가끔은 개인적으로 오해를 받고 일방적으로 실천된 ─ "자유·평등·우애"라는 근대의 확신을 긍정하는 것만으로는 불충분하다. 이러한 긍정은 후기 근대에서는 변증법적인 대위와 보완 그리고 "고양"을 필요로 하고, 이러한 고양을 필자는 1989년[3] 바젤에서 개최되었던 유럽 총회의 주제를 인용하고 부각시킴으로써 다음과 같이 시도해 보고자 한다.

---

3. Vgl. a.a.O, S.25-27. **M. Wöhlcke,** Der Fall Lateinamerika. Die Kosten des Fortschritts, München 1989, S.116.

후기 근대의 요구들

가. 자유만이 아니라 정의도

다음 세기를 위해서는 인간이 **동등한 권리**를 소유하고 연대성 안에 공존하는 사회를 창조할 길을 발견해야 한다. 즉,

— 가난한 자와 부자, 권력자와 권력 없는 자의 차별을 타파하여 야 한다.
— 기아와 궁핍을 낳고 죽음을 불러오게 하는 구조들을 혁파하여 야 한다.
— 수백만에 이르는 사람들의 실업을 제거해야 한다.
— 인간의 권리를 침해하고, 인간을 고문하고 고립시키는 세계로 부터의 탈출이 요구된다.
— 윤리적인 삶의 가치들이 거부되지는 않는다 할지라도 전도시 키는 삶의 양식을 타파해야 한다.

사회적인 세계 질서가 필요하다.

나. 동등성만이 아니라 다원성도

다음 세기를 위해서는 유럽의 전통과 민족 **문화들의 화해를 이 루는 다원성**을 실현시키기 위한 길이 모색되어야 한다. 즉,

— 민족적 · 인종적 그리고 문화적인 배척을 통해 확산되는 분리를 타파해야 한다.
— 2/3에 해당하는 세계에 대한 멸시와 소외를 극복해야 한다.
— 우리 교회와 사회 안에 아직도 잔존하고 있는 반유태주의의 유산과 그 비극적인 결과를 극복해야 한다.

다원적인 세계 질서가 필요하다.

다. 형제애만이 아니라 자매애도

다음 세기를 위해서는 교회와 사회 안에서 **남성과 여성**의 관계를 새롭게 쇄신하는 공동체성을 이루는 길이 모색되어야 한다. 이 공동체성 안에서 여성은 모든 영역에 걸쳐 남성과 동일한 책임의 일부를 지고 그리고 여성들이 자신들의 재능, 견해, 가치 그리고 체험을 자유롭게 표현할 수 있어야 한다. 즉,

— 교회와 사회 안에서 여성과 남성을 갈라놓는 차별을 타파해야 한다.
— 여성의 불가결한 기여에 대한 평가절하와 몰이해를 극복해야 한다.
— 남성과 여성을 갈라놓는 이념적으로 고착된 역할 그리고 양극화를 극복해야 한다.
— 교회의 삶과 결정 과정에 있어서 여성에게 선사된 재능을 인정하기를 거부하는 자세로부터의 탈피가 요구된다.

동반자적인 세계 질서가 필요하다.

라. 공존만이 아니라 평화도

다음 세기를 위해서는 평화를 실현하고 분쟁의 평화적 해결을 지원하는 사회를, 다른 민족의 복지 구현에 연대하여 공헌할 수 있는 **민족들의 공동체**를 이루기 위한 길을 발견해야 한다. 즉,

— 인간 안에 내재하는 하느님의 모습을 멸시하는 전쟁과 이념으로부터 탈피해야 한다.
— 폭력은 물론 군사주의를 야기시키는 구체적인 구조를 우상화하는 것을 극복해야 한다.
— 오늘날 군비확장을 위해 지출하는 엄청난 비용이 초래하는 파괴적인 결과로부터 탈피해야 한다.
— 인권을 보호하고 관철시키기 위해 군사의 개입 또는 군사 개입의 위협이 불가피하게 대두되는 상황을 극복해야 한다.

평화를 증진시키는 세계 질서가 필요하다.

마. 생산성만이 아니라 환경과의 연대성도

다음 세기를 위해서는 **모든 창조물**과 인간이 함께 이루는 공동체의 건설을 위한 길이 모색되어야 한다. 이 공동체 안에서는 창조물의 권리와 완성이 존중되어야 한다. 즉,

— 인간과 다른 창조물 사이를 갈라놓는 분리를 극복해야 한다.
— 자연에 대한 인간의 지배를 타파해야 한다.

― 자연을 심하게 침해하고 파괴하는 삶의 양식과 경제적인 생산 방식을 극복해야 한다.
― 개인의 이기심 때문에 창조의 완성을 방해하는 개인주의를 극복해야 한다.

자연을 보호하는 세계 질서가 필요하다.

바. 관용만이 아니라 일치도

다음 세기를 위해서는 **부단한 용서와 쇄신**을 필요로 하고 있다는 사실을 자각하는 공동체를 그리고 혼신의 마음으로 하느님의 사랑과 선물을 함께 찬미하고 찬양하는 공동체를 건설하기 위한 길이 발견되어야 한다. 즉,

― 교회 안에 아직도 살아 있는 분리를 극복해야 한다.
― 교회 서로간의 교제에서 불신과 적개심을 극복해야 한다.
― 종교 자유를 부인하는 배척과 편협을 타파해야 한다.

일치를 이루는 세계 질서가 필요하다.

인류의 미래를 위한 우리의 총체적인 책임을 지금보다 더 절실하게 의식하기 시작한 때는 결코 없었다. 윤리에 대한 거리감 유지는 더 이상 불필요하다.
　왜 우리가 총체적인 윤리를 필요로 하는가라는 물음은 분명해졌다. 무릇 세계 윤리 없는 생존이란 없다.

종교 평화 없이 세계 평화 없다

진리 광신과 진리 망각 사이를 걷는 일치의 길

제1장

종교들의 두 얼굴

이 저서의 제2부를 필자의 개인적인 회상으로 시작하더라도 이해해 주시기 바란다. 약 24년 전, 더 정확하게는 1967년 4월, 레바논에서는 그 당시 근동에 소재하는 매우 중요한 연구소의 설립 — 베이루트(Beirut)에 소재하는 아메리칸 대학 — 100주년을 기념하는 기념 축제가 개최된 바 있다. 이슬람교와 그리스도교의 신학자들은 이 축제를 기념하는 강연회에 초대되었고, 그리스도교측으로부터는 그 당시 세계 교회 협의회 사무총장 후프트(Visser't Hooft) 박사와 나중에 바티칸의 일치 사무국 의장으로 선출된 윌레브란트(Johannes Willebrands) 추기경 그리고 필자가 초대받았다. 베이루트는 그리스도교와 이슬람교가 교차하는 지점의 도시였다. 이 도시는 종교의 만남을 가능케 하는 하나의 기회를 제공해 주었고, 이슬람교의 신학자들을 만날 수 있었던 유일한 기회를 제공해 주었다. 하지만 사태는 기대와는 다른 방향으로 전개되었다.

전쟁에 휘말린 종교들

가. 레바논의 경우

아주 기이한 일이 발생했다. 우리가 강연회가 개최되고 있는 장소에 도착했을 때 이슬람교의 신학자들은 보이지 않았고, 우리 그리스도교 신학자들 가운데 아무도 이슬람교의 신학자들을 사귀게 될 기회를 갖지 못했다. 왜 그랬을까? 그것은 계획에 따라 이슬람교의 신학자들이 우리보다 먼저 이미 일주일 전 강연을 마쳤기 때문이었다. 강연회의 의장이자 그 당시 레바논의 외무부 장관이며, 유엔 총회 의장이었던 말리크(Charles Malik)는 — 제2차 바티칸 공의회가 종교 자유와 유태교 그리고 이슬람교에 대한 교회의 태도를 선언한 이후임에도 불하고 — 왜 그리스도교 신학자들과 이슬람교 신학자들이 **함께** 초대받지 않았는가라는 필자의 개인적인 질문에, 교수님 "지금은 때가 이릅니다"라고 대답했다. 1967년은 아직 때가 이르다니!

그 당시 레바논은 격렬하게 싸우는 지역과 종교들 가운데 위치한 평화로운 섬으로서 "근동의 스위스"로 여겨지고 있었다. 그러나 이미 그 당시 레바논에서는 상황이 폭발 직전이라느니, 그리스도교와 이슬람교 사이의 정치적 균형은 불안정하고, 그리스도교의 지배 세력이 이슬람의 인구 증가로 위협받고 있으며, 현재의 국가 헌법은 오래 지탱하지 못할 것이라는 등의 소문이 떠돌고 있었다. 이 부유하고도 불쌍한 나라가 최악의 사태에 도달할 것인가에 대해서는 그 당시는 참으로 아무도 예상할 수 없었다.

필자는 베이루트에서의 체험을 결코 잊어버릴 수 없다. 오늘에 이르러 — 길고 가공할 만한 내전이 발발한 후 — 필자는 이 체험을 정리할 수 있게 되었다. 왜냐하면 필자는 확신에 도달했고, 레바논인들은 필자의 확신을 입증해 주었기 때문이다.

만일 24년 전 레바논에서 그리스도교와 이슬람교 사이에 진지한 종교의 대화가 시도되었더라면 그리고 이 대화가 종교 공동체의 지지를 받았더라면, 레바논은 이처럼 비참한 재난에 휘말리지는 않았을 것이다. 종교적 이해는 합리적이고 정당한 정치적 해결을 위한 바탕으로 기여할 수 있었을 것이다. 종교에 의해 조장된 폭력과 살인과 파괴의 광신주의는 진정되었을 것이다. 그리스도교적 권력 포기의 정신으로 그리스도인들이 벌써 70년대 초반 자발적으로 양보를 했더라면, 80년대의 게마엘(Gemayel) 정부로 하여금 무력을 포기하게 할 수 있었을 것이고, 이 나라를 더 이상 얼어붙게 만들지도 않았을 것이다. 즉, 내란과 끝없는 유혈을 피할 수 있었을 것이고, 레바논은 아마도 오늘날 소름끼치는 혼란 대신 일치를 이루는 이해의 본보기가 되었을 것이다. 필자는 확신한다. 이 확신을 필자는 한 문장으로 요약해서 표현하고자 한다. 레바논처럼 **이스라엘**과 **예루살렘** 역시 결코 제6차, 제7차 또는 제8차 전쟁을 통해서가 아니라, 오로지 유태교와 이슬람교, 이스라엘과 팔레스티나 사이의 종교적·정치적 대화를 통해서 평화와 존립을 발견할 수 있을 것이다. 이 모든 것이 과연 환상에 지나지 않을까?

나. 부정적 귀결

도대체 종교들이 이처럼 많은 것을 성취시킬 수 있을까라는 물음이 자연스럽게 그리고 당연히 제기된다. 종교들이 부정적인 것과 파괴적인 것을 통해서 수없이 많은 것을 자행해 왔고 아직도 여전히 자행하고 있다는 사실에 대해서는 재론의 여지가 없을 것이다. 수없이 많은 다툼, 피를 부르는 잔인한 갈등, 심지어 이른바 "종교 전쟁"에 대해 종교들이 책임을 져야 할 것이다. 그뿐 아니라 수없이 많은 경제적 · 정치적 · 군사적 마찰은 부분적으로 종교들에 의해 야기되었고, 부분적으로는 채색되었으며 고취되었고 — 이것은 양차 세계대전의 경우에도 해당된다 — 정당화되었다.

근동에서 레바논의 그리스도인들, 수니파 이슬람교도, 시아파 이슬람교도 사이, 시리아, 팔레스타인 그리고 이스라엘 사이, 그뿐만 아니라 이란과 이라크 사이, 인도와 파키스탄 사이, 힌두교와 시크교 사이 싱할의 불교와 타밀의 힌두교 사이, 베트남에서의 불교 승려와 가톨릭 정부 사이 그리고 오늘날에도 여전히 계속되고 있는 북아일랜드의 가톨릭과 프로테스탄트 사이에 일어나고 있는 수많은 살육과 전쟁은 형언할 수 없을 정도로 광신적이고 잔인하며 무자비하다. 왜냐하면 살육과 전쟁은 종교적인 토대 위에 근거하고 있기 때문이다. 이러한 근거의 논리는 도대체 무엇인가? 만일 하느님이 **"우리**와 함께", **우리**의 종교 · 신앙 · 국가와 함께 계시며 **우리** 편을 드신다면, 우리의 적들은 논리적으로 악마의 편일 수밖에 없고, 악마의 편에 가담하고 있는 적에게는 모든 것이 허용될 수밖에 없다. 더 나아가 **하느님**의 이름으로 무차별하게 상처입히고 방화하고 파괴하며 살해하는 것이 허용될 수밖에 없다. 하지만 이러한 논리를 거부하는 대응 사례도 없지 않아 있다.

평화를 심는 종교들

가. 대응 사례로서의 프랑스, 독일, 폴란드

종교들은 **긍정적**인 것을 통해 그리고 건설적인 것을 통해 수없이 많은 것을 성취시킬 수 있고 실제로 많은 것을 성취시켰다. 종교들은 개인, 종교 단체 그리고 전체 종교 공동체를 통해 부단하게 평화를 위해 그리고 사회정의, 비폭력, 세계 안에서의 이웃 사랑을 위해 헌신할 수 있다. 종교들은 평화의 증진, 권력의 포기 그리고 관용과 같은 근본적인 태도를 확산시키고 촉진시킬 수 있다. 여기에 대한 사례를 들 수 있는가? 필자는 두 가지 정치적인 사례를 지적해 보고자 한다.

사례 1: 수백년 동안 **프랑스**와 **독일**은 불구대천의 원수지간이었다. 19/20세기에 양 국가는 국수주의적인 정신으로 세 번씩이나 큰 전쟁을 일으키기도 했다. 세 번의 전쟁 가운데 두 번의 전쟁은 세계 전쟁으로까지 확대되기도 했다. 제2차 세계대전 이후 지난날의 원한과 증오심을 다시는 일깨우지 아니하고 그리고 보복의 정치가 더 이상 지배하지 못하도록 무력화시켜, 그 결과 오늘날 프랑스와 독일 사이에 다시금 새로운 전쟁이 발발하지 않을 것처럼 보이게 만든 것은 전적으로 드골(Charles de Gaulle), 아데나워(Konrad Adenauer), 슈만(Maurice Schuman), 모네(Jean Monnet), 가스페리(Alcide de Gasperi) 등과 같은 인물들의 덕분이다. 이 인물들은 위대한 정치가로서 일차적으로는 브뤼셀에서 관료적이고 기술·정치적으로 사고하지 아니하고 그 대신 자신들의 비참한 체험 — 정치적인 체험과 현실적인 체험 — 을 토대로 해서 이제는 유럽의 국가 사이에서 전쟁을 영원히 끝장내자는 윤리적이고 종교적인 바탕을 가진 비전을 추구했다. 경제적으로 그리고 방어 정치적으로 결합하여 그리스도교적이고 서구적인 근본 바탕을 위해 합일을 이루는 유럽만이 민족들이 장차 평화적으로 공생할 수 있는 가장 최선의 보장이다. 그리스도교적인 정신으로부터 수없이 많은 반그리스도교적인 정신이 흘러나온 후 프랑스와 독일 사이에 드디어 화해가 이루어지기 시작했다는 사실을 분명하게 보여주기 위해 드골과 아데나워는 램(Reims)에 소재하는 프랑스 국왕들의 대관식을 거행하던 대성당에서 미사와 함께 이 화해를 온 세계 앞에서 서명했다.

사례 2: 제2차 세계대전 이후 **독일 연방 공화국**과 **바르샤바 조약 협정국** 사이의 이념적인 대립은 점점 더 악화되었다. 어떻게 — 동구에서 자행했던 독일의 잔학한 행위와 수백만 명에 이르는 독일인들이 조상 대대로 살아오던 고향으로부터 추방된 후 — 서로가 서로를 용서할 수 있을까? 이미 50년대 말경 그 당시 베를린의 주교이자 나중에 뮌헨의 추기경으로 임명되었던 되프너(Julius Döpfner)는 서로의 화해를 호소하는 용기있는 첫걸음을 내디뎠다. 그러나 이 호소는 노도와 같은 격분으로 인해 침묵 속에 잠기고 말았다. 독일의 개신교가 1965년 다시금 이러한 화해의 시도에 불을 당겼다. 신학적으로 훌륭하게 정리되고 정치적으로 신중하게 고려된 진정서를 통해 독일의 개신교 교회는 한편으로는 독일과 폴란드 사이, 다른 편으로는 독일과 체코, 소련 사이의 화해를 준비했다. 그 결과 몇 년 후 이른바 동구 조약의 정치가 가능하게 되었고, 이 조약의 결과는 비록 세부적인 사항에 대해서는 비판적으로 평가한다 할지라도, 실제로 정치의 잠정적인 정상화를 위한 생산적인 토대를 마련해 주었으며, 마침내 1989년의 대변혁에로 이어졌다.

나. 종교 평화 없이 세계 평화 없다

지금까지 살펴본 사례들은 더 확대될 수도 있을 것이다. 필자는 흑인 목사 킹(Martin Luther King)에 의해 시작되고, 수많은 목회자, 사제, 수도자에 의해 계속된 60년대 미국의 인권 운동을 지적할 수 있겠고, 아울러 80년대와 90년대 미국을 비롯해서 일본에 이르기까지, 북아일랜드와 동구 유럽을 비롯해서 남아프리카에 이르기까지 종교적인 동기에 의해 앞장선 그리스도인들과 불교도들의 평화 운동도 지적할 수 있을 것이다. 필자는 이러한 사실의 확대를 계속할 수 있으나 … 그 대신 필자는 미래와 관련한 물음을 제기하고자 한다.

만일 오늘날 대소 종교의 지도자들이 평화, 이웃 사랑, 비폭력, 화해 그리고 용서에 대해 자신들이 져야 할 책임을 단호하게 표명한다면, 그것은 내일의 세계를 위해서는 무엇을 의미하는 것인가? 만일 이 종교 지도자들이 워싱턴으로부터 모스크바에 이르기까지, 예루살렘으로부터 메카에 이르기까지, 벨파스로부터 테헤란에 이르기까지, 암리스타르로부터 콸라룸푸르에 이르기까지 갈등을 부추기는 대신 갈등을 해소하는 데 협력한다면 그것은 내일의 세계를 위해서 어떤 의미가 있을까? 오늘날 세계의 모든 종교들은 세계 평화를 위한 자신들의 책임을 통감해야 한다. 그렇기 때문에 필자가 세계의 도처에서 점점 더 확산되고 있는 이해를 발견한 바 있는 주제, 즉 **종교 사이의 평화가 없이는 국가**

사이의 평화도 없다는, 요컨대 종교 평화 없이는 세계 평화도 없다는 주제를 되풀이하는 것만으로는 불충분하다.

　세계 평화를 위해 이 세계 안에 있는 다른 종교들과 구조적으로 대결한다는 것은 참으로 생존에 직결되는 매우 중요한 사안이다. 우리는 제3세기에 — 유럽의 본보기에 따라 — 전적으로 다른 평화의 세계를 소유하거나 아니면 도대체 어떠한 세계, 즉 더 이상 어떠한 "인간이 살 수 있는 지구"도 소유하지 못하게 될 것이다. 1989년 우리의 지구로부터 가장 멀리 떨어져 있는 은하계에`관한 컴퓨터 사진이 공개된 바 있다. 이 은하계는 우리 지구로부터 약 15억 광년이나 멀리 떨어져 있다. 우주의 무변광대함과 인간의 무절제한 과대평가에 직면하여 우주를 창조하시고 진화시키시는 하느님이 인간의 소우주에 의존하고 있는 것이 아니라, 오히려 이와는 반대로 인간의 소우주가 절박하게도 우주를 창조하시고 진화시키시는 하느님에게 의존하고 있다. 이러한 통찰은 우리가 서로를 위해 져야 할 책임을 감지하고, 서로간의 교제에 있어서 상처를 제거하도록 요청하고 있다. 이러한 요청은 또한 논쟁의 여지가 많은 종교적인 물음, 즉 진리에 대한 물음에도 해당된다.

제2장

진리의 물음

다행스럽게도 지구라는 조그마한 우주선에 존재하는 로마 가톨릭을 비롯해서 극동의 불교에 이르기까지 세계 평화 그리고 종교 평화에 대한 책임을 점점 더 강하게 의식하고 있다. 온 세계가 주시하는 가운데 1987년 아씨시(Assisi)에서 교황, 달라이 라마, 유태교, 그리스도교, 이슬람교는 물론 인도와 극동의 종교 지도자들이, 비록 서로 분리되어 있음에도 불구하고, 평화를 위해 함께 기도했다는 사실이 과연 무엇을 의미하는 것일까?

과 제

가. 의식의 비동시성

그러나 아씨시에서의 만남에 대해서는 물론, 튀빙겐(Tübingen) 대학의 개신교 신학 대학에 의해 달라이 라마에게 수여된 레오폴 드-루카스 상 — 수용소에서 독가스로 처형되었던 한 유태인의 지식인 아들에 의해 민족간의 이해를 도모하는 목적으로 제정되었다 — 에 대해서도 신랄한 비판이 제기된 바 있다. 이러한 비판은 교회와 종교의 다양한 계층 안에 내재하는 의식의 비동시성에 대한 표현으로부터 기인한다. 평소에는 별로 자리를 같이하지 아니하던 단체가 갑자기 진기한 관심사의 제휴를 위해 연대하기도 한다. 예를 들어 대주교 레페브르(Lefebvre)를 중심으로 한 가톨릭의 전통주의자들과 개신교의 근본주의자들이 제휴한다. 이들 단체는 혼합주의와 신앙의 흐트러짐이라는 망령을 추방하는 데 앞장서고, 그리스도교적인 선교 사명이 배반당할까봐 두려워하면서 자신들을 **진리**의, 그리스도교 진리의 수호자로 자처하고 있다. 이러한 의식의 비동시성은 — 다양한 역사적 징후의 산물이기도 하지만 — 매우 진지하게 고려되어야 하며, 문제의 해결에 있어서 야기되는 어려움이 경시되어서는 안된다. 왜냐하면 진리의 물음에 대한 해명 없이는 종교들 사이에 어떠한 평화도 보장되지 않기 때문이다.

나. 진리 광신과 진리 망각 사이

교회와 종교의 역사에 있어서 진리에 대한 물음만큼이나 수없이 많은 피와 눈물을 흘리게 한 물음도 없기 때문에, 진리의 물음에 대한 해명은 불가피하다. 진리에 대한 맹목적인 **광신**은 여전히 모든 시대에 모든 교회와 종교를 통해 무차별하게 상처입히고 살해하는 데 앞장서 왔다. 이와는 반대로 진리에 대한 **망각**은 방향감각 상실과 무규범을 초래하여 많은 사람들이 도대체 더 이상 아무것도 신앙하지 않는 결과를 야기시켰다.

이러한 상황에 직면하여 종교 상호간의 이해 도모와 평화 운동에 있어서 그리스도인과 다른 종교를 신앙하는 자들이 자신들의 종교가 지니고 있는 진리와 자신들의 정체성을 포기하지 않고서도 서로 다른 종교들의 진리를 용납할 수 있는 가능성이 신학적으로 정당한가라는 근본적인 물음이 제기되기도 한다. 진리의 물음과 관련해서 세 가지 진술이 있지만, 필자가 보기에는 이 세 가지 전술은 평화에 대한 물음을 정치적으로 해결하는 데 있어서 **아무런** 기여를 하지 못하고 있는 것처럼 보인다.[1]

---

1. 이 전술에 대한 해석학적 전제 조건에 대해서 필자는 in ThA Kap. C II에 서 상세하게 다룬 바 있다. Vgl. **L. Swidler** (Hrsg.), Toward a Universal Theology of Religion, New York 1987.

2

세 가지 전술 — 해결책은 아니다

가. 요새 전술

자기 이해 그리고 자기 정당화와 더불어 우리들은

○ 오로지 자기의 종교만이 참되고 다른 모든 종교는 거짓이며,
○ 종교적 "평화"란 오로지 하나인 참된 종교(국교)를 통해서만
   보장된다고 전제한다.

이러한 전제는 오랫동안 로마 가톨릭이 취해 온 — 교회 밖에는
구원이 없다는 — 공식 입장이었다. 마치 교회가 이미 하느님의
나라인 것처럼 그리고 하느님의 영이 다른 모든 종교 — 사실 모
두 잠정적이다 — 안에는 작용하지 않는 것처럼 말이다.

실제로 이러한 편협된 배타성 또는 우월성은, 접촉의 공포로부
터 파생되고 다른 그리스도교의 교회, 즉 미국의 경우 개신교의
근본주의에, 가끔은 독일의 경우 경건주의 그리고 이슬람교와 같
은 종교들에도 해당된다. 인간에게 비참을 가져다준 편협, 진리
의 절대주의 그리고 자기 정당화의 정신이 도처에서 득실거리고
있다. 이러한 종교적인 제국주의와 개선주의에는 문제를 해결하
기보다는 오히려 더 많은 문제를 야기시키는 독선적인 호교론이
연계되어 있기 마련이다.

제2차 바티칸 공의회는 이미 60년대에 타-종교에 대한 무지,
멸시 그리고 비판으로부터 관용, 존중, 구원 가능성에로의 대담

제2부: 종교 평화 없이 세계 평화 없다

한 전향을 실현한 바 있다. 이제는 **세계 교회 협의회**가 — 종교 간의 대화와 협의의 필요성을 인정하고 난 다음 — 90년대에 외부를 향해 교회 일치를 부르짖을 결정적인 전환점을 맞이하고 있다. 그리스도교적인 종파 사이의 일치를 위해서는 비록 차이점이 드러난다 할지라도 대 종교들 사이의 현실적인 일치가 뒤따라야 한다. 이처럼 요새 전술은 아무런 해결책을 제시해 주지 못하고 있다.

나. 무차별 전술

이 전술은 특히 서구의 계몽주의자 사이에 널리 유포되어 있으면서 아래의 표어에 따라 태도를 취한다.

O "진리"라는 실존적인 문제는 실제로는 존재하지 않는다. 왜냐하면 모든 종교는 각기 나름대로 참되고, 그 본질에 있어서는 동일하게 참되기 때문이다.
O 종교적인 "평화"는 각 종교의 차이점과 모순을 무시함으로써 가장 잘 실천될 수 있다.

사실상, 모든 종교들의 밑바탕에는 동일한 종교적·"신비적" 체험이 기초를 이루고 있는 것이 아닐까? 이 물음에 대한 대답은 아니오이다. 왜냐하면 모든 종교적 체험은 처음부터 해석된 체험이고, 각기 고유한 종교적 전통에 의해 점철되고 조직된 체험이기 때문이다. 서로 갈등을 일으키고 있는 종교들의 실상을 참으로 잘 알고 있는 자라면, 모든 종교들이 동일하고, 그 결과 모든 종교들이 동일하게 참되다고 감히 주장하지는 않을 것이다. 그러므로 참과 거짓, 선과 악을 구별하는 정신은 단순히 선사될 수 있는 성질의 것이 아니다. 신비적 종교, 예언적 종교 그리고 지혜의 종교의 근본 유형 사이에 내재하는 기본적인 차이점뿐만 아니라, 동시에 개별적인 종교들 사이에 내재하는 모순 역시 균일하게 만들 수는 없는 것이다. 하나의 개별 종교마저도 그 역사적인 변천의 과정에서 단순히 동일한 모습을 띠지 아니하고 — 가끔은 놀라울 정도로 — 복잡하게 얽히고 설킨 모습으로 변모했다는 사실을 간과해서는 안될 것이다. 이러한 무차별 전술은 어떤 종교에도 해당되지 아니하고, 모든 종교를 한 솥에 모아 잡탕으로 끓여내는 이러한 전술은 결코 해결책이 될 수 없다. 모든 것이 단순히 하나가 될 수 없듯이 마찬가지로 모든 것이 단순히 똑같을 수는 없는 것이다. "모든 것이 가능하다"라는 태도는 진리와 의미, 가치와 척도, 마지막 요구와 신뢰에 대한 인간의 근본적인 물음을 결코 잠재우지 못한다.

그러므로 배타적이고 중세-로마적인 색채를 또는 프로테스탄트적이고 근본주의적인 색채를 띠고 있는 **절대주의**는 물론 모든 진리, 가치 그리고 척도를 균등하게 만들고 그 결과 인간의 삶의 질을 외면하는, 근대의 계몽주의적인 색채를 띠고 있는 **상대주의**도 배척되어야 한다. 단순히 자신의 종교와 타-종교를 무차별하게 용인하고, 인기에 영합하는 근대의 지성적인 다원주의 그리고 모든 종교적인 입장이나 차이를 거부하여 균등하게 여기고, "정신의 구별"에 대한 수고를 아끼는 신학적인 무차별주의는, 종교들 사이에 발생하는 현실적이고도 가끔은 치명적인 적대 관계에 직면하여, 자신이 앞장서서 해결해야 할 문제점을 무시하고 있다. 따라서 이러한 무차별 전술 역시 어떠한 해결책도 될 수 없음이 분명하다.

다. 포옹 전술

이 전술은 의심 없이 좀더 분명한 태도를 취하고 있으며, 많은 그리스도인들은 물론 비그리스도인들에 의해서도 주장되고 있다.

○ 하나의 유일한 종교만이 참되다. 그러나 역사적으로 발전되어 온 다른 모든 종교들은 이 유일한 종교가 지니고 있는 진리에 한몫을 차지한다.
○ 종교적 "평화"는 다른 종교들의 통합을 통해서 가장 잘 실현된다.

이 전술은 적어도 가장 설득력있는 진술인 것처럼 보인다. 왜냐하면 자기의 종교 외부에 있는 어떠한 진리도 인식하지 아니하는 배타주의는 물론, 모든 진리를 상대화시키고 자신의 종교와 타-종교를 무차별하게 용인하는 상대주의도 거부하기 때문이다. 그렇다면 포용력이 크고 관대한 **포괄주의**야말로 가장 최선의 해결책이 아니겠는가?

우리는 이러한 전술을 — "익명의 그리스도인"이라는 비그리스도인 — 유태교도, 이슬람교도 … 에 대한 사변적이고 비현실적인 그리스도교의 신학 이론을 제외한다면[2] — 특히 인도를 근원지로 하는 종교들 안에서 만난다.[3] 모든 경험적인 종교들은 오로지 다양한 차원, 측면 그리고 보편적인 진리의 부분적인 측면만을 표출하고 있다. 셈족의 예언적인 출처의 종교까지도 포함하는

---

2. Vgl. die Kritik dieser Theorie in CS Kap. A III, 2: Anonymes Christentum?
3. Vgl. die Kritik in WR Kap. B I, 2: Gibt es die eine mystische Erfahrung?

다른 종교들은 거짓 종교로서 고찰되지는 않는다. 하지만 잠정적인 종교로 고찰된다. 이들 종교들은 단지 보편적인 — 힌두교적인, 불교적인 아니면 도교적인 — 진리에 한몫을 차지하고 있을 뿐이다. 신비에 대한 체험과 더불어 자신의 종교를 위해서는 "고도의 심원한 인식"이 요구된다.

그 결과는 과연 무엇일까? 다른 모든 종교들은 실제로 진리에 대해 단지 보잘것없고 부분적인 인식을 소유하고 있을 뿐이라고 멸시한다. 그리고 자기의 종교를 진리의 전단계 또는 부분 진리 자체로 질서짓는다. 하지만 다른 종교들의 특별한 요구 또는 주장은 박탈된다. 그러므로 관용은 실천적으로는 포용을 통한 정복, 순치를 통한 적응, 정체성의 상실을 통한 통합 등의 현상을 띠고 나타난다. 자신에게 충실하고자 하는 어떠한 종교도 이러한 관용의 양상을 견디어 낼 수는 없을 것이다. 이러한 포용 전술 역시 진리의 문제와 관련해서 진정한 의미의 해결책을 제시해 주지 못하고 있으며, 종교와 국가 사이에 요구되는 평화의 실현을 위해서도 별다른 기여를 하지 못하고 있다. 그렇다면 무엇이 우리를 도와줄 수 있을까? 진정한 의미의 일치를 위한 전술은 과연 무엇인가? 우선 이 물음에 대해 다르게 접근해 볼 필요가 있다.

일치 운동 전술의 전제: 자아 비판

가. 모든 것이 동시에 선하고 참일 수는 없다

종교들이, 세계 평화를 위한 중요한 의미를 도출해 내기 위해, 어떠한 기본 자세로부터 진리에 대한 물음을 다루어야 하는가? 필자가 보기에, 진정한 의미의 일치를 위한 전술을 위해 절대적으로 요청되는 전제 조건이 있다면 그것은 모든 종교의 자아 비판이다. 즉, 자신의 실수와 과오의 역사를 비판적인 시각으로 성찰하는 것이다. 왜냐하면 편견에 사로잡히지 않는 사람은, 진리와 거짓 사이에 내재하는 경계는 처음부터 자신의 종교와 타-종교 사이에 내재하는 경계와 일치하는 것이 아니라는 사실을 잘 알고 있기 때문이다. 또한 사려깊은 자는 **진리와 거짓 사이의 경계는 자신의 종교를 통해서도 시작한다**는 사실을 인정한다. 우리는 얼마나 자주 옳음과 그름을 동시에 소유하고 있는지?

그렇기 때문에 다른 입장에 대한 비판은 오로지 단호한 자아 비판이라는 바탕 위에서만 정당한 것이다. 근본적으로 말해서, **종교들** 안에서도 **모든 것이 동시에 선하고 참인 것은 아니다.** 신앙의 가르침과 윤리적 가르침에, 종교 예식과 관습에 그리고 제도와 권위에도 거짓과 허위가 존재한다. 그렇다면 왜 모든 종교가, 각기 나름대로의 체험을 지니고 있는 타-종교들로 하여금 솔직하게 자신의 생각을 표현하도록 내버려 두지 않는가?

이러한 사실은 물론 그리스도교에도 해당된다. 만일 오늘날 신앙으로부터의 이탈 행위를 코란의 규정에 따라서 사형에 처해야 한다는 **이슬람교**의 주장을 공격적이고 잔인하다고 비난한다면, **그리스도교** 역시 이단자와 열교인 — 특히 유태인 — 에 대한 끔찍한 박해의 역사를 소유하고 있다는 사실을 망각해서는 안될 것이다. 391년 그리스도교를 국가 종교로 선언하고 그리스도교 이외의 다른 종교를 금지한 테오도시우스(Theodosius) 황제 이래 이단자는 국사범으로 간주되었다. 교회의 적은 동시에 제국의 적으로 간주되었고 그에 상응하게 처벌되었다. 이미 385년에 스페인의 이단자 프리실리안(Priscillian)이 그의 동료 여섯 명과 함께 트리에르(Trier)에서 처형되었다. 투르스(Tours)의 마르틴(Martin)과 다른 여러 사람들은 이러한 처형에 이의를 제기하기도 했다. 암브로시오, 교황 시리치우스(Siricius) 그리고 그리스도교 일반은 신앙의 차이 때문에 그리스도인들에 의해 첫번째로 처형당한 그리스도인에 대한 사건을 비난하기도 했다. 하지만 사람들은 이러한 일에 익숙해졌다. 심지어 레오 대 교황은 이러한 사건에 대해 만족감을 표명하기도 했으며 그리고 종교 재판에 대해서는 전적으로 침묵으로 일관했다. 세빌라(Sevilla)에서만도 1481년에 대략 400명이 화형당했고, 1783년까지 화형당한 숫자는 대략 31,000여 명에 이르렀다. 가톨릭과 프로테스탄트 안에서 종교 재판을 마녀 사냥과 연계시킴으로써 그 결과 소름끼치는 사태를 초래했고, 이러한 사태는 상당히 늦게 해소되었음은 주지의 사실이다.

나. 세계 종교들의 비판적인 반사경

타-종교 신자들로부터 결코 도전받지 않으려고 안간힘을 쓰는 그리스도인들은 그리스도교에 대한 **세계 종교들의 비판**이 얼마나 날카로운지를 별로 의식하지 못하고 있다.[4] 그리스도교는,

— 사랑과 평화의 윤리에도 불구하고 매우 배타적이고 편협적이며 공격적이다. 요컨대 냉혹하고 다투기를 일삼는다.
— 인간이 구원되어야 한다는 필요성과 은총의 필요성을 더욱더 강조하기 위해, 그 핵심에 있어서는 이미 부패해 버린 인간의 죄의식을 거의 병적으로 과장한다.
— 아울러 그리스도론을 통해, 다른 종교라면 별다른 문제없이 긍정적으로 평가할 수 있는, 예수의 모습을 지나치게 배타적으로 왜곡시킨다.

세계 인구의 2/3 이상이 살고 있는 아시아에 그리스도교가 수백 년 동안 적극적으로 선교 활동을 벌였음에도 불구하고, 단지 아시아 전체 인구의 5%만을 그리스도교를 믿는 신자로 만들었다는 사실은 과연 역사의 우연에 지나지 않는가?

 이러한 비판과 관련해서 정당성을 인정받을 수 있는 것이 무엇이든지간에, **한** 종교 또는 **모든** 종교에 있어서 진리와 거짓에 관한 물음은 결코 피할 수 없다는 사실이 드러나고 있다. 종교의 이름으로 무엇이 가르쳐지고 실천되었는가? 무죄한 종교란 존재하지 않는다. 모든 종교는 흑자와 동시에 적자 통장도 소유하고 있다. 아니면 **종교**의 이름으로 모든 것이 허용되는가?

다. 종교의 이름으로 모든 것이 허용되는가?

그러므로 여기서는 — 오로지 이슬람교와 테헤란뿐만 아니라 그리스도교와 로마도 고려하면서 — 철저하게 물어야 한다. 종교적

---

4. Vgl. **H.-J. Loth – M. Mildenberger – U. Tworuschka,** Christentum im Spiegel der Weltreligionen. Kritische Texte und Kommentare, Stuttgart 1978.

인 목적 때문에 모든 수단이 신성시될 수 있는가? 종교적 헌신이라는 봉사의 미명 아래 — 경제적이고 정치적인 권력 남용, 인간성과 공격성의 남용까지도 포함하여 — 모든 것이 허용되는가?

이러한 물음은 다음과 같이 첨예화된다: 인간에게 상처입히고, 인간을 침해하고 그리고 인간을 파괴하는 것이, 즉 **비인간적으로 보이는** 바 그것이 **종교의 계명**이 될 수 있는가? 비인간적인 사례들은 모든 종교들 안에서 얼마든지 찾아볼 수 있다. 신에게 봉헌되는 인간 제물은 정당한 것인가? 신앙의 이유로 어린 아이들을 희생 제물로 바치고, 과부들을 불태우며, 이단자들을 처형해도 되는가? 매춘이, 그것이 성전 안에서 발생하고 그리고 해탈을 가능케 한다는 이유로 신에 대한 예배 행위가 될 수 있는가? 기도**와** 저주, 금욕**과** 혼음, 단식과 약물 소비, 결혼의 신뢰와 간음 등이 "신비적인 체험"의 수단으로서 기여한다면 동일한 방법으로 정당화될 수 있는 것일까? 만일 임신중절을 반대한다면 그것은 피임을 반대하는 것일까? "거룩한" 목적을 위해 협잡과 속임수, 온갖 거짓과 기만이 사용되어도 무방한가? 신을 강요하는 마법과 신에게 간구하는 종교는 무엇이 다른가? 제국주의, 인종주의 그리고 남성적 편협주의, 마녀 증오, 유태인 증오 그리고 터키인 증오는 그것이 종교적인 이유에 기초하고 있다고 해서 용납되어야 하는가? 한 인간이 이단자 또는 배교자라고 해서 그에게 인두세를 부과해도 되는가? 구이야나(Guyana)의 집단 살해의 경우처럼 그것이 종교적인 동기에 근거하고 있다고 해서 그것에 대해 이의를 제기해야 할 것이 아무것도 없는 것일까? 필자는 결코 그렇게 생각하지 않는다. 그렇다면 어디서부터 다양하고 상이한 종교들 안에 있는 참과 거짓 그리고 선과 악을 가려내는 기준을 찾아낼 것인가?

제3장

일치를 위한 진리 기준의 탐색

진리의 기준에 대한 물음은 그것이 단지 주관적인 임의성으로부터 기인하지 아니하고 그리고 단순히 타-종교들에게 뒤집어 씌울 수 없는 것이기 때문에 미묘하고 까다로운 물음이라는 것을 인정하지 않을 수 없다. 물론 시각의 차이점도 고려되어야 한다. 모든 종교들에 있어서 자아 비판은 두 가지 방법으로, 즉 타인의 비판을 인지하고 유의함으로써 그리고 자신의 고유한 원천에로의 접근을 통해서 실행될 수 있다.

□1

원천에로의 접근

가. 표준적인 경전 또는 형태

종교들이 지닌 온갖 형태의 허위에 대한 신랄한 비판은 종교들
자체의 고유한 속성에 속한다. 종교들은 얼마나 자주 자신들의
고유한 "본질"과 원천에 불충실했는가? 왜냐하면,

○ 종교에 있어서 **거룩한 경전**, 즉 성서, 코란, 바가바드기타,
부다의 어록집, 중국 고전작들의 어록집 … 은 매우 중요하기
때문이다.
○ 모든 종교에 있어서 **거룩한 형태**, 즉 그리스도, 예언자, 현
자 그리고 부다 등이 매우 중요하기 때문이다.

종교들은 자주 비판가나 예언자, 개혁자 그리고 현자들로부터 본
질적인 것보다는 비본질적인 것을 추구하고, 자신들의 본질에 불
충실하였다는 지적을 받아야만 했다. 달리 말해서, 모든 종교의
원천적인 "본질", 표준적인 "원천" 또는 규범적인 표준 등은 다
양한 방법으로 각자의 종교들이 지니고 있는 진리의 내적인 기준
을 위해 적용될 수 있는 척도이고 동시에 각 종교의 정체성을 보
장해 주는 척도이기도 하다. "우리를 파멸시키기 위해 당신은 오
셨소!"라는 이 물음은 도스토예프스키의 작품에 나타나는, 되돌
아온 예수에게 교회의 대심문관이 던진 물음이기도 하다. 이 물
음은 이미 많은 그리스도인들로 하여금 교회의 비판가들에게 —

희랍어 크리시스(*krisis*) = 격리, 구별, 결단, 심판 — 주의를 집중시키도록 만들었다.

나. 독특한 진리 기준의 필요성과 제한성

어떤 종교도, 그것이 그리스도교이든 유태교이든, 이슬람교이든 힌두교 또는 불교 아니면 유교이든, **자기네에게 특유한 진리의 기준**을 타-종교에 적용시키기를 포기할 수 있는 종교는 아마도 없을 것이다. 대화란 단순히 자기 부정을 의미하는 것이 아니다. 타인의 비판은 필수적이다. 그러나 이러한 비판은 우선 자신의 종교 자체를 위해서 중요한 것이지, 결코 타-종교를 위해서 중요한 것이 아님을 알아야 한다.

그러므로 모든 종교가 대화를 통해 오로지 자기만의 고유한 진리의 기준을 주장한다면, 진정한 의미의 대화는 처음부터 기대할 수 없을 것이다. 예를 들어 그리스도에 대한 원초적인 증언으로서의 신약성서는 그리스도교 교회들 사이의 토론에 있어서 비판적이고 해방하는 결정적인 역할을 수행한다. 마찬가지로 히브리어 성서는 유태교와 그리스도교 사이의 토론에 있어서도 역시 동일한 역할을 이행할 것이다. 하지만 성서를 유태교와 그리스도교에 의해 위조된 책이라고 여기는 이슬람교와의 대화에 있어서 그리고 힌두교와 불교와의 대화에 있어서 진리에 대한 기준으로서의 성서에 직접적으로 호소하는 것은 결코 바람직한 것은 아니다. 아니면 그리스도인들은 진리에 대한 물음이 코란이나 바가바드기타 또는 부다의 어록집에 의해 결정되는 것을 용납할 수 있는가? 그러나 만일 종교들 사이의 대화에 있어서, 유태교 또는 그리스도교가 타-종교들에 대해 자신들의 정당성과 진리를 주장하기 위해 논쟁의 여지가 없는 권위인 성서에 더 이상 의지할 수 없다면 — 마치 이슬람교가 코란에, 힌두교가 기타에, 불교가 자신의 경전에 의지할 수 없는 것처럼 — 그 다음에 남아 있는 것은 무엇이겠는가?

일치 운동의 넷째 전술

가. 보편적 윤리 기준

여기서는 매우 신중하게 다른 가능성이 모색되어야 한다. 네번째의 전술에 대해 간략하게 윤곽을 그려보고자 한다. 네번째의 전술은 — 필자가 바라건대 — 종교 사이의 평화는 물론 종교들의 진리를 수호하고 증명하는 데에도 기여하리라 믿는다.

우리가 우리의 종교들을 다른 종교들과 비교해 본다면, 그리고 우리 각자의 종교들에 의해 초래된 남용에 대해 반성해 본다면, 모든 종교에 유비적으로 적용시킬 수 있는 진리와 선의 **보편적인 기준**에 대한 물음이 제기된다. 이 물음은 — 필자가 보기에는 — 민족의 권리 그리고 민족의 평화에 대한 물음을 위해서도 중요하다.

모든 종교는 그 자체가 소유하고 있는 독특한 기준 이외에도, 오늘날 그 어느 때보다도 보편적이고 윤리적인 기준에 대한 논의를 필요로 한다. 이러한 논의에 있어서 간과하지 말아야 할 사실은, 종교가 절대 지평 이전에 — 근대의 모든 자율 추구 훨씬 이전에 — 이미 십계명, 산상 설교, 코란, 부다의 어록집 또는 바가바드기타 등을 통해서 참으로 인간적인 것을 실천함으로써 자신의 모습을 가장 설득력있게 드러내었다는 점이다. 물론 모든 종교적인 기쁜 소식은 오늘날 변화된 세계의 새로운 지평 앞에서 새롭게 사유되어야 하고, 이것은 그리스도교의 기쁜 소식에도 해당된다.

나. 그리스도교의 늦은 인권 실현

근대에 들어와 그리스도교는 다른 모든 종교에 앞서 쓰라린 변모의 과정을 거쳐야만 했다. 이러한 변모의 과정은 물론 다른 종교들을 위해서도 매우 중요한 의미를 내포하고 있다. 그리스도교의 영향력이 미치는 영역 안에서는 근대 계몽주의적인 해방의 과정을 통해 — 가끔은 세속화되고 반교회적인 — 이성, 자연 그리고 양심에 의지하는 인문주의가 종교 비판적인 모습을 띠고 등장하였다. 그렇기 때문에 오랫동안 그리스도교는 예를 들어 신앙의 자유, 양심의 자유 그리고 종교 자유 등과 같은 자율적이고 인문주의적인 이상으로부터 자신을 단호하게 방어하기만 했다.

그러나 이러한 방어는 부당한 것이었다. 왜 그럴까? 그리스도교는 이러한 자율과 해방의 과정으로부터 이익을 얻었기 때문에만 아니라, 동시에 자유, 평등, 형제애 그리고 인간의 존엄성 등의 가치는 원래부터 그리스도교적인 색채를 띠고 있는 가치였고, 이러한 가치들이 "재발견되어" 근대를 위해 철저하게 실현되었기 때문이다. 미국의 인권 선언을 기초한 자들은 무신론자들이 아니라 오히려 하느님을 믿는 신앙인들이었다. 1789년 프랑스 혁명의 인권 선언 역시, 많은 혁명가들의 견해에 따르면, 원래 "하느님의 이름"으로 의결되었으나 유감스럽게도 원래의 정신대로 실현되지는 못했다. 하지만 로마와 로마의 가톨릭 교회 — 부분적으로 다른 종교들처럼 — 는 교황 요한 23세와 제2차 바티칸 공의회에 의해 궤도 수정이 뒤따르기 전까지는 인권을 비그리스도교적인 것이라고 유죄 판결을 내렸다.

그러나 **인간적인 것**이 근대의 자율 안에서 종교적으로 그리고 교회적으로 해방을 성취하고 난 후 다시금 그리스도교의 공간 안에 새롭게 자리잡을 수 있었다. 그럼에도 불구하고 로마의 체제 자체 안에서는 — 여성, 신학자, 타-종교인과 관련해서 — 인권이 아직도 완전하게 실현되지 못하고 있는 실정이다(유럽의 마지막 절대 군주국인 바티칸은 유럽 의회의 인권 선언에 서명했을 뿐 아니라, 동시에 개방과 개혁의 필요성에 직면해 있다).

다. 인간적 가치의 종교적 근거

세속화된 사회도 인간적인 것이 종교의 내부에서, 구체적으로는 그리스도교의 내부에서 그 권리를 행사한다는 사실에 관심을 기울이고 있다. 왜냐하면 인간적인 것 이외에 다른 것들에도 이러한 권리 행사는 보장되어야 하기 때문이며, 이 점과 관련해서 필자는 이 책의 제1부에서 이미 지적한 바 있다. 방향 상실과 결속의 상실 시대에, 비관주의와 뻔뻔스러운 견유주의가 널리 확산되어 있는 시대에 그리스도교뿐만 아니라, 종교 일반은 — 모든 심리학, 교육학, 법학 그리고 정치학을 뛰어넘어 — 개인의 양심을 위해 결정적인 역할을 수행할 수 있고, 그 결과 개인에게 의지, 감정적 도움, 안전, 위로 그리고 항의할 수 있는 용기를 제공할 수 있게 된다. 즉, 인간적인 것을 확보하기 위한 싸움에 있어서 정치가 제시할 수 없는 근거를 종교는 분명하게 제시할 수 있다. 왜 윤리와 도덕은 개인적인 취미 사안이나 정치적 편의 — 즉, 개인의 판단, 사회적 협정이나 관습 그리고 사회적 통교 — 보다 더 많은 것을 성취시킬 수 있는가? 달리 말해서 종교는 왜 윤리적 가치 그리고 윤리 규범이 **절대적**이고 **보편적**인 — 모든 계층, 계급, 인종 — 당위를 요구하는가라는 물음에 대한 근거를 분명하게 제시할 수 있다. 인간적인 것은 신적인 것 안에 그 근거를 두고 있는 것으로 여겨지고 있다. 이것은 오로지 절대 그 자체만이 절대적 당위를 요구한다는 사실을 드러내고 있다.

라. 인간성을 향한 진보

"종교를 경멸하는 지식인"(Schleiermacher)들도 근대 이래 인간적인 것에 대한 물음과 관련해서, 모든 종교에서는 반성의 과정이 진행되었다는 사실을 간과하지는 못할 것이다. 이것은 의식의 모든 실패와 비동시성에도 불구하고 인간성을 지향하는 진보가 이루어졌다는 것을 의미한다. 예를 들면,

— 로마 가톨릭 교회 안에서 근세에 이르기까지 불과 고문으로 실천되어 왔던 종교 재판의 폐기 그리고 가톨릭 교회법 — 아직도 여전히 비인간적 요소가 없지 않은 — 의 인간화
— 인도에서의 인간 제물 봉헌과 과부의 화장 폐지 — 인도의 불교도들과 그리스도인들은 처음부터 이러한 폐습을 배척했으나 영국의 식민지 점령까지만 해도 인도의 일부 지역에서는 이러한 폐습이 남아 있었다.
— 이슬람교의 "성전"(Jihad)에 대한 새로운 인간학적인 해석, 진보된 이슬람 국가에서 시도된 형법의 개혁, 이슬람교의 중세기 종교 율법 샤리아(Scharia)에 대한 이슬람 내부의 비판 등이다. 이 종교 율법은 여러 가지 측면에서 유엔의 세계 인권 선언(1948)의 정신에 대립되고 있다. 특히 여성(결혼, 이혼, 유산 상속 그리고 노동)과 비이슬람교도(예컨대 취업 금지)를 위한 법적 동등권과 관련해서 대립되고 있다.

필자가 극동, 중동 그리고 근동에서 나누었던 수많은 대화는 다음의 인간적인 관심사와 관련해서 앞으로는 모든 대 종교들이 강한 의식을 소유하게 되리라는 확신을 심어주었다.

○ 인권의 보호
○ 여성 해방
○ 사회정의의 실현
○ 전쟁의 비윤리성

이 모든 것은 결코 지나친 유토피아가 아니다. 자신의 긴 역사의 흐름 안에서 근친상간, 식인, 노예 등의 관습을 타파해 버린 인류가 새로운 세계사적 상황 안에서 **전쟁**을 포기하지 않을 이유가 없다. 전쟁은 공격성 또는 성처럼 결코 인간의 본성에 속하는 것이 아니다. 전쟁은 선천적인 것이 아니다. 오히려 배워서 익힌 학습의 결과이다. 그러므로 전쟁은 전쟁이 없는 평화로운 갈등의 조정을 통해 대체될 수 있다. 핵 시대에 직면하여 핵 강대국 사이의 전쟁은 자살 행위이고, 동맹국과 손잡고 작은 국가들이 일으키는 전쟁은 결코 승부의 결말이 나지 아니하는 무승부로 남아 있게 될 것이다.[1]

---

1. Vgl. **J. G. Stoessinger,** Why Nations Go to War, London ⁴1985.

제4장

일치 운동의 근본 기준으로서의
인간적인 것

필자가 세계 윤리의 필요성과 관련해서 전개해 온 희망은 그 근거가 결코 희박한 것이 아니다. 즉, 윤리적인 **골격 기준**에 대한 물음에 있어서 발생하는 온갖 어려움에도 불구하고, 시간이 갈수록 대 종교 공동체 사이에는 하나의 세계 공동체 내부에서의 인간의 삶과 공존을 가능케 하는 근본적인 조건에 대한 기본적인 동의가 고도의 인간적인 의식을 형성하는 데 기여할 수 있다. 다시 말해서 인간의 근본 가치와 근본 요구에 대한 **"주도적 확신"**[1] 심지어는 입법적인 제도화 — 인권 또는 기본권으로서 — 마저도 가능케 하는 중요한 확신을 형성하는 데 기여할 수 있다.

---

1. Vgl. **W. Korff,** Norm und Sittlichkeit. Untersuchungen zur Logik der normativen Vernunft, Mainz 1973; **ders.,** Wie kann der Mensch glücken? Perspektiven der Ethik, München 1985.

토대로서의 인간 존엄성

가. 유네스코에서의 첫 종교 대화

현재의 총체적이고 정치적인 차원에서 이러한 물음이 얼마나 진지하게 수용되고 있는가 하는 것은 1989년 2월 8일부터 10일까지 파리에서 개최되었던 대화가 잘 보여주고 있다. 필자는 이 대화에서 기조 연설을 향한 바 있다. 세계의 종교 문제와 관련해서 유엔 교육 기구(UNESCO)가 보여준 적극적인 참여는 새로운 것이었고, 동시에 시종여일한 것이었다. 이 유엔의 기구는 최근에, 국가들 사이의 더 많은 형제애 — 자매애까지도 포함하여 — 를 지향하는 변화 그리고 인권의 실현과 평화의 책임을 지향하는 변화가 오로지 종교와 더불어서만 성공할 수 있다는 사실을 보여준 바 있다. 특히 유럽에 비해 종교가 아직도 인간들에게 직접적인 영향을 미치는 아프리카, 아시아, 근동과 중동 등의 국가들의 종교가 더욱더 그러하다. 유네스코의 사무총장 마요르(Federico Mayor)도 앞서 언급한 대화의 개막 연설을 통해 "인권을 위한 교육"이라는 유네스코의 프로그램을 위해서 세계 종교들이 매우 중요한 역할을 수행할 수 있다는 사실을 강조하기도 했다. 종교들 사이에 내재하는 차이점에 대한 인식에도 불구하고 이러한 인식은 일치를 이루는 데 있어서 기여하는 가치를 탐색하는 작업을 배제하지 않는다. 국제적인 공동체는 공동의 가치를 배제하고서는 존립할 수 없다. 바로 여기서부터 공동의 기본 기준에 대한 물음이 대두된다.

나. 보편적 기준으로서의 참으로 인간적인 것

모든 인간에 공통된 인간성에 대한 호소와 더불어 보편적이고 윤리적인, 참된 의미의 **일치를 위한 근본 기준**을 정식화하는 것이 가능하지 않을까? 즉, **참된 의미의 인간적인 것**, 구체적으로는 인간의 **존엄성**에 그리고 그 존엄성을 지향하는 **근본 가치**에 의존하고 있는 기본 기준을 정식화하는 것이 가능하지 않을까? 비판적이고 윤리적인 근본 물음은 인간에게 유익하고 좋은 것이 무엇인가라고 질문한다. 그 대답은 결코 자명한 것이 아닌 것, 즉 참된 인간이 되도록 인간을 돕는 것이다.

이에 따라 윤리적인 근본 기준은 인간이 비인간적으로 살지 아니하고, 순전히 욕구에 사로잡혀 동물처럼 살지 아니하고, 그 대신 인간적으로, 이성적으로, 참으로 인간적으로 사는 것이다. 그러므로 윤리적인 선은 인간의 삶을 개별적인 차원이나 사회적인 차원에서 계속적으로 성공시키고 행복하게 만드는 바 그것이다. 인간의 모든 층과 — 욕구와 감정의 층까지도 포함하여 — 모든 차원 — 사회 관련성과 본능 관련성까지도 포함하여 — 안에서 인간의 긍정적인 진보를 가능케 하는 바 그것이 바로 윤리적인 선이다.

종교와 인간성의 관계를 위하여

가. 인간성과 비인간성 사이의 종교들

적어도 모든 종교가 이러한 비판적인 물음과 관련해서 의견 일치를 볼 수 있지 않을까? 즉, 참된 인간이 될 수 있도록 인간을 도우는 것이 인간에게 선이라는 사실에 의견의 일치를 볼 수 있을 것이다. 참된 인간성에 대한 이러한 근본 규범에 따라 **선과 악** 또는 참과 거짓이 구별될 수 있을 것이다. 이렇게 해서 **개별적인 종교 안에서**도 무엇이 선이고 악이며, 무엇이 참이고 거짓인가를 구별할 수 있게 될 것이다. 우리는 이러한 기준을 종교와 관련해서 긍정적으로 또는 부정적으로 정식화할 수 있다.

○ **긍정적**으로 정식화하건대: 종교가 **인간성에 기여**하고, 자신의 교리와 윤리, 예식과 제도를 통해 인간의 정체성, 삶의 의미와 가치를 **신장**시키며, 의미깊고 풍요로운 실존을 가능케한다면 그 종교는 **참** 종교이고 **선한** 종교이다.
○ **부정적**으로 정식화하건대: 종교가 **비인간성을 확산**시키고, 자신의 교리와 윤리, 예식과 제도를 통해 인간의 정체성, 삶의 의미와 가치를 **침해**하며, 의미깊고 풍요로운 실존을 실현시키지 않는다면, 그 종교는 **거짓** 종교이고 **악한** 종교이다.

우리는 이러한 정식화를 다르게 표현할 수도 있다. 참으로 인간적이고, 인간의 품위와 존엄성에 부합하는 것은 근원적으로 "신적인 것"에 연유하고 있다. 이와는 달리 비인간적이고 "동물적" 이고 "야수적인 것"은 "신적인 것"으로부터 기인하지 않는다. 여기에 "인간적인 것"은 "신적인 것"에 근거하고 있는 종교에 대해 일종의 판단 기능을 행사하고 있는 것이 아닌가라는 반문이 제기된다.

나. 종교 — 인간성: 변증법적 상호 관계

실제로, 인간적인 것과 더불어 구체적인 종교에 대한 일종의 "초 구조물" — 이 구조물에 따라 종교를 평가하고 심지어는 판단하는 — 이 구축되는 것은 아닌가? "인간적인 것"은 — 유럽과 그리스도교의 영향을 받은 인문주의 — 서구적인 기준의 유형이 아니며, 이러한 유형은 동양의 종교에 전혀 해당되지 않는 것이 아닌가? "인간적인 것"은 일치를 위한 공동의 기준으로서 종교를 결속시키기에는 처음부터 불확실한 것이 아닌가? 이러한 근거 구조에 있어서 악순환이 지배하고 있지 않은가? 이러한 물음에 대해서 전혀 그렇지 않다. 다만 변증법적인 상호 관계가 성립될 뿐이다라고 대답할 수 있을 것이다. 이 점을 다음과 같이 정리해 볼 수 있을 것이다.

○ 참된 **인간성**은 **참된 종교의 전제**이다. 즉, 인간적인 것 — 인간의 존엄성과 근본 가치에 대한 존중 — 은 모든 종교가 실현해야 할 최소한의 요구이다. 참된 의미의 종교성이 실현되기 위해서는 적어도 인간성 — 최소한의 기준 — 이 확보되어야 한다. 왜 하필이면 종교인가?

○ 참된 **종교**는 **참된 인간성의 완성**이다. 즉, 종교는 — 포괄적인 의미, 최고의 가치, 절대적 요구의 표현으로서 — 인간

적인 것의 실현을 위한 적극적인 전제 조건이다. 절대적이고
보편적인 요구로서의 참된 인간성이 실현되고 구체화되기 위
해서는 바로 종교가 — 최대의 기준 — 존재해야만 한다.

다. 가능한 공감대의 형성

파리에서 개최되었던 국제회의[2] 도중에 다양한 종교들의 대표들
사이에 하나의 **공감대**가 형성되기 시작했다는 사실은 매우 고무
적이었다.[3]

○ 종교의 어떤 대표도 구체적인 종교에 관한 초구조물로서의
"자율적인 인간성"을 용인하지 않았다. 각 대표들은 **"인간적
인 것"은 절대자 안에** — 종교적인 의미의 최종적이며 최고
의 실재 안에 — 그 뿌리를 두어야 한다는 사실을 주장했다.
○ 모든 대표들은 종교간의 대화를 위한 **전제 조건으로서 자아
비판**을 인정했다. 모든 대표들은 자신들 각자의 종교의 이름
으로 인간의 존엄성과 인권이 여전히 상처입고 있으며, 가끔
은 폭력과 증오를 부추기고 평화를 좌절시키며 파괴를 행사하
였다는 사실을 인정하였다.

---

2. 필자의 동료인 **Karl-Josef Kuschel**이 파리의 대화에 관해 종합적으로 보
고한 Weltreligionen und Menschenrechte, in: Evangelische Kommentare 22
(1989), S.17-19를 참조하라.
3. 필자는 다양한 종교의 대표자들에게, 특히 유네스코-대화에서 기조 연설
을 해주신 분들, 즉 **Masao Abe,** Kyoto (Buddhismus), **Mohammed Arkoun,**
Paris (Islam), **Eugène B. Borowitz,** New York (Judentum), **Claude Geffré,**
Paris (Christentum), **Liu Shu-hsien,** Hong Kong (Konfuzianismus), **Bithika
Mukerji,** Benares (Hinduismus)에게 감사드린다.

ㅇ 모든 대표들은 종교들 안에 **인간성**과 평화의 능력**을 지향하는 인간 교육**을 위한 행동의 필요성이 존속하고 있다는 데 의견의 일치를 보였고, 어느 누구도 "종교의 평화를 배제하고서는 어떠한 세계 평화도 불가능하다"는 심포지엄의 주제에 반론을 제기하지 않았다.

ㅇ 모든 대표들은 자신들 **각자의 고유한 전통으로부터 인간성의 고양을 위한 근거를 제시**할 수 있는 가능성을 지니고 있다는 사실을 원칙적으로 긍정했다. 그러므로 인간성은 세계 종교들이 추구하는 공동의 윤리를 위한 토대가 될 수 있음이 분명해지고 있다.

그러므로 인간성을 서구의 독자적인 "발명품"으로 여길 필요는 없다. 오히려 그 반대이다.[4] **유태교**측에서는 "유태교는 분명하게 보편적이고 윤리적인 현실을 긍정하는 고전적이고 종교적인 토대를 지니고 있다"고 한다. **이슬람교**는 코란이야말로 "인권을 위한 이상적인 경전"이라고 하며, 1988년에 선언된 가장 최근의 공식적인 이슬람교의 인권선언을 지적하고 있다. **힌두교**의 대표자들은 윤리와 종교의 밀접한 결합에 대해 언급하면서 세계 안에 내재하는 자기 파괴적인 힘을 거슬러 저항해야 할 필요성을 강조하고 있다. **불교**도들은 불교가 주장하는 인간의 초인간 중심주의적이고 우주적인 차원의 긍정은 우주 안에 존재하는 인간으로서의 독특한 의미를 배제하지 않는다는 사실에 대해 언급하고 있다. "연민"을 강조하는 불교의 지혜는 "각자의 독특한 차이점과 유일성에 대한 인정과 긍정"을 함축하고 있다고 한다. **유교**의 인문주의적인 전통을 출발점으로 삼는 유교 신봉자는 "일치를 위한

---

4. 아래에서 필자는 아직 발표되지 아니한 파리-대화의 문서를 인용한다.

기준을 탐색하는 일은 유교의 전통을 위해서는 아무런 문제거리
가 되지 않는다"고 한다. "인간적인 것"은 항상 유교의 핵심적인
관심사였기 때문이라고 한다. 이 모든 것들은 우리가 이 책의 1
부에서 제시한 세계 윤리와 관련한 고찰을 뒷받침해 주고 있다.

    하지만 종교의 대화에 있어서 그리고 수많은 공감대의 형성에
있어서 개별적인 종교의 정체성이 상실되는 것이 아니며, 대화의
역량은 근본적으로는 종교의 고유한 입장을 포기하는 것이 아닌
가라는 반론이 제기된다.

제5장

대화 역량과 입장 고수 —
대립이 아니다

실제로 다양성의 진리 앞에 진리는 상대화되는 것이 아닌가? 여기서 근본 명제에 대한 물음이 해답을 재촉하고 있다는 것이 감지되지 않는가? 종교간의 대화를 위해 적극적으로 뛰어드는 자는 어떠한 형태로든 다음의 물음에 직면하게 된다. 대화 역량은 시대의 요청이 아닌가? 대화 역량이 안일한 입장 고수를 위한 부재 증명으로 남용될 수는 없는가? 혹은 확신의 포기나 애써 이루어 놓은 결속을 싼 값으로 낭비하는 방향에로 남용되지 않는가? 오로지 대화 역량 하나만으로 신뢰를 회복하기에 충분한가? 자신의 고유한 입장을 포기하지 않으면서도 "모든 것에 관해" 그리고 "모든 사람과 함께" 대화를 시도하는 것만으로 충분한가? 대화 역량은 나와 상대방 사이에 대화할 만한 입장의 차이가 있다는 것을 전제로 하는 것이 아닌가? 모든 것을 기꺼이 포기하는 자가 참으로 대화 역량을 지니고 있는 자가 아니라, 오히려 자신의 입장이 내포하고 있는 진리를 고수할 태세가 되어 있는 자가 더 대화 역량을 지니고 있는 자가 아닌가? "입장 고수"라는 단어 영역이 우리에게 몇 가지 가르침을 제공해 줄 수 있을 것이다.[1]

---

1. Vgl. dazu **H. Küng**, Dialogfestigkeit und Standfestigkeit. Über zwei komplementäre Tugenden, in: Evangelische Theologie 49 (1989), S.492-504, und das von **H. Küng** und **J. Moltmann** herausgegebene Themenheft "Christentum zwischen den Weltreligionen" der Internationalen Zeitschrift für Theologie Concilium 22 (1987), Heft 1.

"입장 고수"란?

가. 소홀히 취급된 덕행

"입장 고수"란 무엇을 의미하는가? 그것은 도덕을 설교하는 훈계조의 "입장의 고수"는 아니다. 또한 "이렇게 그러나 다르게는 아니"라는 "완고함"도 아니다. 지나가 버린 입장의 경직된 고수도 아니다. 사랑을 획득하는 관습에 있어서의 자기 연모도 아니다. 그렇다면 도대체 무엇을 의미하는가? 일반적으로 널리 통용되고 있는 신학사적 그리고 언어사적 사전에로의 접근은 실망을 안겨다 줄 뿐이다. 이러한 사전에는 대화 또는 대화의 역량에 관해 만족할 만한 설명이 별로 없는 실정이고, "입장의 고수"에 관해서는 아예 설명이 없거나, 아니면 단지 몇 줄의 설명이 있을 뿐이다. 최근의 심리학, 교육학 그리고 사회학 사전 역시 이러한 개념에 대해 사유하는 것을 불필요한 낭비로 여기고 있다. 하지만 어느 정치가의 "변절", 어느 우두머리의 "자기 파산" 또는 어느 판관의 "유약하게 됨"은 덕행으로 여겨지지 않는다. 이와는 달리 정치에 있어서 그리고 공적인 생활에 있어서 "확고하게 서 있음", "거기 서 있음" 또는 "위치를 지킴" 등이 요구되고 있다. 변절 그리고 유약하게 됨과는 다르게 확고부동함, 즉 입장의 고수는 일반적으로 기본 태도 또는 덕행으로서 여겨지고, 이러한 기본 태도는 유혹과 억압에 직면한 상황에서도 확고하게 의연할 수 있는 태도로서 요구되고 있다.

나. 항심과 저항

입장의 고수라는 개념을 통해 우리는 대화의 능력과 대조를 이루는 오래된 그리고 고전적인 덕행을 재발견할 수 있게 된다. 고전적인 덕행론에서 입장의 고수는 우선 사추덕의 **용기**로 교환될 수 있다.[2] 근대적인 의미의 입장의 고수는 **항심** 또는 불요불굴과 유사하다. 이 항심은 고대 로마인들에게 요구된 덕목이었다. 이 덕목은 라틴어로 기록된 신약성서에서 오로지 한 번 언급되고 있다. 즉, 사도 4, 13은 베드로와 요한의 확신 그리고 자신감에 대해 언급하고 있다. 확신 또는 자신감은 확고하게 서 있음, 확고한 태도를 견지함, 요동하지 아니함, 항구적임, 충실함, 일관성 등을 의미하고, 항심은 단호한 태도, 단호한 방향, 요지부동, 의연함을 의미하고, 바로 여기서부터 영속성, 끈기, 지속, 수미일관, 인내, 용감, 대담 등의 의미가 파생된다.[3]

---

2. 희랍인들에게 있어서 – 플라톤과 아리스토텔레스의 경우 "*Andreia*", 스토아의 경우 "*Karteia*" – 그리고 라틴족에게 있어서 – 치체로와 마르코비우스의 경우 용기(Fortitudo) – 용기라는 단어는 수용, 견디어냄, 저항 그리고 지속 등의 소극적인 형태로부터 단호함, 착수 그리고 대결의 적극적인 형태에 이르기까지 전체 단어 영역을 포괄한다. 신약성서는 "*Andreia*" 그리고 "*Karteia*"라는 개념을 직접적으로 알지 못하고 있다. 하지만 이러한 개념에 부합하는 희망(*elpis*), 확고부동함(*hypomone*), 인내(*makrothymia*) 그리고 신뢰하는 믿음에 근거함(*pistis*)에 대해서는 알고 있다. 토마스 아퀴나스는 용기를 독특한 윤리적 덕행으로 이해한다. 어려운 과제를 수행하는 데 있어서 그리고 삶의 위험과 고난에서의 자기 확신, 선한 의지로 말미암은 입장의 고수로 이해한다(S. Th. II-IIq 123, a.2). 그러므로 입장의 고수는 용기 이외에 다른 것이 아니다. 시민의 용기는 오늘날 정치·사회적인 영역에 있어서의 개인적인 행위에 해당하지만, 정신적인 기본 태도로서의 입장의 고수는 한 인간의 삶 전체에 해당한다.

3. 고대 로마의 덕행을 그리스도교의 덕행으로 변형시킨 토마스 아퀴나스는 항구함을 용기의 부분적인 덕행으로 이해한다(q 137, a.3).

그러므로 이러한 맥락에서 볼 때 입장의 고수는 외적인 권력 또는 권력의 소지자를 반대하는 **저항**과 밀접하게 관련되어 있다. 즉, 자기 주장, 불복종, 관철, 용기, 결단력, 추진력과 함께 저항한다. 이 모든 것은 개인의 자유와 책임이라는 목적을 실현시키기 위한 것이다. 그러므로 고전적인 전통의 시각에서 볼 때 입장의 고수는 결코 경직되거나 정지된 실재를 의미하는 것이 아니다. 그보다는 오히려 삶의 과정 안에서 분명하게 드러나는 역동적인 실재이다. 바로 이때문에 고대인들은 용기를 항상 의기양양함, 두둑한 배짱 그리고 넓은 도량과 연계시켰다. 그리스도인들에게 있어서 이 모든 것들은 하느님에 대한 신앙 안에 근거하고 있으며 스스로 죽음으로부터 삶으로 부활하신 분, 즉 하느님에 의해 유약하고 무능한 자로서 파견되어 "주님" 그리고 "그리스도"가 되신 분에 대한 신앙 안에 기초하고 있다. 하지만 바로 이러한 신앙의 태도 또는 입장이 다른 신앙과의 대화를 처음부터 불가능하게 만드는 것이 아닐까?

대화로의 인도

가. 신앙의 입장은 대화를 차단하는가?

이처럼 신앙에 있어서 자신의 입장을 고수한다면, 바로 그것이
종교들 사이의 진지한 대화를 차단시키는 결과를 초래하지 않을
까? 더 구체적으로 질문할 수도 있을 것이다. 만일 길이요 진리
요 생명으로서의 그리스도를 믿는다면 다른 길, 다른 진리 그리
고 다른 생명도 존재한다는 것을 인정할 수 있지 않을까? 그것이
토라이든, 코란이든 아니면 부다의 팔정도이든 말이다. 종교 사
이의 대화에 있어서 개방성과 진리, 다원성과 정체성 그리고 **대
화 역량과 입장 고수를 연계**시킬 수 있을까? 바로 이것이야말
로 모든 종교 사이의 대화에 있어서 제기되는 핵심적인 물음이
다. 그리스도인으로 하여금 자신의 종교 진리와 자신의 정체성을
포기하지 않고서도 타-종교의 진리를 용인하는 것이 신학적으로
가능한가?

하지만 실제로는 종파 사이 또는 종교 사이의 대화를 거슬러
"무관심주의", "상대주의" 그리고 "혼합주의" 등과 같은 표어들
이 거듭 등장하고 있다. 좀더 분명하게 표현한다면, 필자 역시
선명한 입장의 차이를 실종시키게 하는 그러한 무관심주의, 상대
주의 그리고 혼합주의를 거부한다. 하지만 순수한 부정 그 자체
는 아직은 아무런 비판적인 태도가 아니다. 이 점을 우리는 구별
해서 고찰해 보고자 한다.

나. 일치를 위한 비판적인 입장

입장의 고수와 대화의 용이성을 연계시키고자 한다면, 우선 일치를 위한 입장을 아래와 같이 묘사할 수 있을 것이다.

○ 모든 것을 무차별하게 취급하는 무관심주의가 추구되어서는 안된다. 하지만 인간의 구원 또는 비구원을 위한 척도로 만들고 자신의 진리 요구를 권력이나 강압의 수단으로 관철시키려고 시도하는 정통주의에 대한 더 많은 **무관심**은 추구되어도 무방하다.

○ 절대의 존재를 부인하는 상대주의가 추구되어서는 안된다. 하지만 다양한 종교의 생산적인 공존을 방해하는, 인간의 절대화에 대한 상대화는 추구되어야 하고, 모든 종교가 각자 나름대로 안고 있는 관계의 조직을 통찰하게 하는 **상대성**은 추구되어야 한다.

○ 모든 가능한 것과 불가능한 것을 혼합시키고 용해시키는 이른바 제설 혼합주의가 추구되어서는 안된다. 하지만 모든 종교적 대립에 직면하여 매일 눈물과 피의 대가를 요구하는 적대주의를 점진적으로 결합시키는 **종합**에 대한 의지는 추구되어야 한다. 그 결과 종교들 사이에 전쟁과 갈등 대신 **평화**가 지배해야 한다.

다. 자유 안에서의 진리

종교적인 동기에 의해 파생되는 모든 편협에 직면하여 관대함 그리고 종교적 **자유**가 요구될 수 있어야 한다. 진리라는 미명하에 자유에 대한 배반이 일어나서는 안된다. 마찬가지로 자유라는 미명하에 **진리**에 대한 배반이 일어나서도 안된다. 진리에 대한 물음은 무시되어서는 안되고, 동시에 미래의 세계 일치 또는 세계 일치 종교라는 유토피아를 구실로 희생되어서도 안된다. 이러한 사실은 식민화의 역사 그리고 식민화의 역사와 밀접하게 관련되어 있는 선교 역사를 결코 망각하지 않는 제3세계에서는 문화적이고 종교적인 정체성의 위협으로 여겨질 것이다.

그리스도인으로서의 우리는 — 필자의 견해로는 — 그리스도교의 토대 위에 근거하고 있는 **자유**의 정신 안에서 **진리**에 대한 물음을 새롭게 사유하도록 도전받고 있다. 왜냐하면 단순히 임의성을 의미하지 아니하는 자유는 모든 결속과 의무로**부터**의 해방이 아니기 때문이다. 자유는 단순히 소극적인 것이 아니라, 이미 이 책의 제1부에서 언급되었듯이, 동시에 새로운 **책임**을 **향한** 자유라는 의미에서 적극적인 것이기도 하다. 자유는 이웃과 동시대, 주위 환경 그리고 절대자에 대한 책임을 의미하고, 그 결과 참된 의미의 자유는 진리를 위한 자유를 의미한다.

이 모든 것을 자아 비판적으로 이해한다면, 그리스도인 역시 **진리에 대한 아무런 독점권**을 소유하지 않고 있으며, 아울러 임의적인 다원주의라는 양상 안에서 진리에 대한 고백을 포기할 권리를 또한 소유하고 있지 않다. 그러므로 대화의 증거는 결코 서로를 배제하지 않는다. **진리에 대한 고백**은 허위를 인식하고 그것을 폭로하는 용기를 포함하고 있다.

③

종교 사이의 기준

가. 세 가지의 다른 기준

모든 종교들 가운데에서 참된(좋은) 종교와 거짓(나쁜) 종교를 구별해야 한다는 필요성으로부터 모든 종교들에게 적용시켜야 하는 종교 사이의 기준에 대하여 언급해야 할 시급성이 발생하게 된다. 이러한 기준에 대하여 필자는 다음과 같이 정리해 보고자 한다.

○ **일반적인 윤리적 기준**에 의하면 하나의 종교는 **인간적인** 색채를 띠는 한 그리고 띨 때, 즉 인간성을 억압하거나 파괴하지 아니하고 오히려 보호하고 증진시킬 때 비로소 참되고 선한 종교라 할 수 있다.

○ **일반적인 종교적 기준**에 의하면, 하나의 종교는 자신의 고유한 **원천** 또는 **경전**에 충실하게 머무는 한 그리고 머물 때, 즉 자신의 확실한 "본질" 그리고 자신이 지속적으로 의지하고 있는 표준 경전과 행태에 충실하게 머물 때 비로소 참되고 선한 종교라 할 수 있다.

○ **독특한 그리스도교적인 기준**에 의하면, 하나의 종교는 그 자신의 이론이나 실천을 통하여 예수의 정신을 드러낼 때에 비로소 그리고 드러내는 그만큼 참되고 선한 종교라고 할 수 있다.

물론 독특한 그리스도교적 기준은 오로지 그리스도교에만 **직접적으로** 적용될 수 있을 뿐이다. 즉, 그리스도교적인 종교가 도대체 그리스도교적인 색채를 띠고 있는가라는 자아 비판적인 물음이 제기된다. 물론 동일한 기준이 **간접적으로** 다른 종교에도 적용될 수는 있다. 즉, 어느 정도 다른 종교에서도 — 특히 유태교와 이슬람교 — 그리스도교의 정신과 유사한 어떤 무엇이 발견되는가라는 비판적인 물음이 제기된다.

독특한 그리스도교적인 기준에 유비적으로 독특한 유태교적·이슬람교적 그리고 불교적인 기준이 존재한다는 것은 당연하다. 하지만 이러한 기준에 대해서는 더 이상 상세하게 고찰할 필요는 없을 것이다. 그 대신 그리스도교적인 기준을 오해로부터 보호해야 할 필요가 있다.

나. 독특한 그리스도교의 기준

오늘날 "전혀 새로운" 가르침으로 선포되는 것은[4] 지금까지는 프로테스탄트의 자유주의의 오래된 가르침으로 확인된 바 있다. 이 가르침은 예수와 그의 기쁜 소식을 통해 참으로 하느님에 대해 진술하기는 하지만 그러나 예수 그리스도의 규범과 목적 — 최종 목적 — 을 포기했다. 이로써 예수 그리스도를 — 다른 여러 예언자 중의 한 예언자 — 왜곡시켜 정신의 구별을 위한 모든 기준을 상실하는 결과를 초래했다. 이러한 자유주의를 거슬러 바르트

---

4. Vgl. **P. Knitter,** No Other Name? A Critical Survey of Christian Attitudes Toward the World Religions, Maryknoll 1985; dt.: Ein Gottviele Religionen. Gegen den Absolutheitsanspruch des Christentums, München 1988. **J. Hick – P. Knitter** (Hrsg.), The Myth of Christian Uniqueness. Toward a Pluralistic Theology of Religions, New York 1987.

(Karl Barth)와 "변증법 신학"의 저항이 뒤따랐다. 그곳에로 되돌아가는 것은 결코 진보가 아니라는 것이다.

그러므로 그리스도교의 신학자로서 예수 그리스도의 규범과 목적을 포기하지 않으려는 자는, 다른 종교가 오로지 비판적인 촉매제로서의 그리스도와 함께 "근대의 기술 세계"에 적응될 수 있다고 생각하기 때문에가 아니라, 오히려 거의 2,000년 이래 그리스도교의 원천으로 인정받아 온 신약성서의 모든 진술을 포기해야 한다고 생각하기 때문에 감히 그것을 포기하지 못하는 것이다. 예수는 전체 신약성서를 위해 **규범적**이고 **결정적**이다. 예수만이 하느님의 그리스도이고 — 가장 오래되고 가장 간략한 신약성서의 신앙고백[5] — 예수만이 "길, 진리, 생명"[6]이다. 이와는 달리 유태인에게는 토라가, 이슬람교도에게는 코란이 그리고 불교도들에게는 팔정도가 "길, 진리, 생명"이다.

만일 그리스도인으로서 2,000년이나 오래된 그리스도교 신앙의 확신을 고수한다면 — 공포나 호교론적인 관심을 배제하고 — 그것은 결코 신학적인 "제국주의" 또는 다른 종교의 진리와 예언자, 선각자 그리고 현자들을 거부하는 "신식민주의"와 일치하는 것이 아니다. 여기서는 — 절대적이고 배타적인 입장 그리고 상대적이고 포괄적인 입장을 사전에 제거하기를 원한다면 — 외부로부터 종교를 바라보는 시각과 내부로부터 종교를 바라보는 시각을 구별할 필요가 있다. 이렇게 함으로써만이 종교의 진리 물음에 대한 상이한 대답이 가능하게 될 것이다.

---

5. Vgl. 1 Kor 12,3.

6. Vgl. Jo 14,6.

다. 외적 조망과 내적 조망

외부에서 볼 때, 즉 이른바 종교학적으로 관찰할 경우, 매우 **다양한 참된 종교들**이 존재한다. 이들 종교들은 모든 병립에도 불구하고 적어도 본질적으로 규정되는 보편적인 기준 — 윤리적이고 종교적인 — 에 부합한다. 하나의 목적에 이르는 다양한 구원의 가능성 — 다양한 구원의 형상과 더불어 — 이 존재하고, 이들 가능성은 부분적으로 서로 교차하고 상호 보완한다.

내부에서 볼 때, 즉 신약성서의 입장으로부터 정향되어 있는 그리스도교 신앙인 그리고 도전받고 있는 인간으로서의 입장에서 고찰할 경우 오로지 **하나인 참된 종교**만이 존재한다. 그리스도교는 예수 그리스도를 통해 자신을 계시하는 하나의 참된 하느님을 증거한다. 그러나 참된 종교는 다른 종교의 진리를 결코 배제하지 않는다. 그보다는 오히려 다른 종교를 **유보된 참** 종교로 — 조건적인 의미 — 인정한다. 다른 종교들은, 그 자체 그리스도의 복음에 직접적으로 대립하지 않는다. 그리스도교를 전적으로 보완하고 수정하며 심화시킨다.

이것은 하나의 모순이 아닌가? 결코 모순이 아니다. 왜냐하면 외적 조망과 내적 조망 사이의 갈등은 종교적인 영역이 아닌 다른 영역에서도 발견되기 때문이다. 이미 우리가 이 책의 제2부에서 제시한 바 있는 정치적인 영역으로부터 이에 대한 실마리를 찾아보고자 한다.

정치가, 외교관 역시 외교 활동에 있어서, 법학자는 강의에 있어서 다른 국가들도 원칙적으로는 자신들의 고유한 정당과 헌법을 소유하고 있다는 사실로부터 그리고 그 국가의 국법은 동일한 방법으로 자국민에게 구속력을 행사한다는 사실로부터 출발해야 한다. 그러나 이러한 견해는 정치가 또는 외교관 자신의 내적인 근본 태도를 완전하게 응집시켜야 한다. 국민 가운데에는 충실한 시민으로서 자기 스스로 먼저 자신의 양심과 지식을 통해 이러한 헌법을 준수해야 한다는 요구를 의식해야 한다. 자신의 국가와 정부가 제기하는 독특한 요구에 대한 충실성을 통해 자신을 이해해야 한다. 가장 최고의 정치 외교가는, 필자의 생각으로는, 양자의 조망을 이상적으로 연계시키는 자라고 생각한다. 자신이 속한 국가에 대한 충실성 ─ 자신의 헌법, 종교 ─ 과 더불어 다른 국가를 위한 개방성을 소유하고 있는 자라고 생각한다.

이로써 다른 종교에 대한 최대한의 신학적인 개방성은 결코 자신의 고유한 신앙을 포기하는 것이 아님이 분명해졌다. 마치 종교 대화에 참여하는 자에게 자신의 신앙을 포기하도록 요구할 수 없는 것처럼 말이다. 모든 종교들이 **저마다 고유한** 전통으로부터 함께 떠맡아야 할 총체적인 윤리의 관심사를 실현시키기 위해 다음의 질문이 제기되어야 한다.

입장 고수 없는 대화 태세는 어디로?

가. 거침없이 떠도는 대화의 결과

이에 대한 대답은 다음과 같다. 자신의 고유한 전통 안에 뿌리를 내리지 아니하는 대화가 초래하는 결과는 무엇일까? 자신의 고유한 전통이 안고 있는 규범을 포기하는 자 그리고 아무래도 상관이 없는 다양한 그리스도 — 모세, 마호메트, 부처, 크리슈나, 공자 — 로부터 출발하는 자는

① 긴 이해 과정을 거친 후 아직 절대적으로 바람직하지 아니한 바 그것을 이미 결과로서 전제한다. 이러한 방법은 **선험적**인 것처럼 보인다.

② 다양한 인물들을, 마치 이들이 부분적으로나마 역사적인 상관성이 전혀 없는 것처럼 — 예를 들어 모세와 예수, 예수와 마호메트 — 실천적으로 서로 나란히 병렬시킨다. 그리고 자신들의 종교 안에서는 완전히 상이한 가치를 — 유태교에서 차지하는 모세의 위치, 그리스도교의 예수, 이슬람교의 마호메트, 힌두교의 크리슈나 그리고 불교의 부처가 차지하는 위치가 서로 다른 것처럼 — 부여한다. 하지만 이러한 방법은 **비역사적**인 것처럼 보인다.

③ 그리스도교 신앙인이 아닌 대화의 상대방들이 거의 대부분 거부할 수밖에 없는 바 그것을 지나치게 요구한다. 즉, 대화의 상대방 자신들의 신앙과 구세주들이 내포하고 있는 믿음을 처

음부터 포기하고 자신들을 아무래도 좋다는 투의 입장 — 전형적으로 유럽적인 색채 그리고 세속화된 근대적인 색채를 띠는 — 을 취하도록 요구한다. 하지만 이러한 요구는 **비현실적**이다. 유태교도들로 하여금 율법의 규범이 지니고 있는 과제를, 불교도들로 하여금 부처의 규범이 지니고 있는 과제를 그리고 이슬람교도들로 하여금 코란이 지니고 있는 규범의 과제를 포기하도록 요구한다는 것은 비현실적인 것이라고 하지 않을 수 없다.

④ 그리스도교 신앙인들에게는, 예수 그리스도를 잠정적인 메시아로 평가절하하고, 예수 그리스도를 다른 계시 담지자 또는 구세주와 동일한 선상에 배열하기 — 주 예수를 "주 황제" 또는 는 "주 고우타마"와 동일한 선상에 두기 — 위한 목적으로, 신약성서로부터 요구되는 신앙의 확신 — 규범적이고 결정적인 하느님의 말씀을 동반하는 확신 — 을 포기하도록 요구한다. 이러한 입장은 — 비록 아무도 지지하지 않음에도 불구하고 — 신약성서의 시선에서 볼 때 **비그리스도교적**인 것으로 규정될 수밖에 없다.[7]

나. 그리고 실천적으로는?

이 모든 것이 실천적으로는 다음과 같은 결과를 초래할 것이다. 즉, 그리스도인으로서 아니면 비그리스도인으로서 이러한 입장을 고수한다면 — 원하든 원하지 아니하든 — 자신의 신앙 공동체로

---

7. Vgl. **P. Tillich,** Christianity and the Encounter of the World Religions, New York 1962; dt.: Das Christentum und die Begegnung der Weltreligionen, Stuttgart 1964, S.27.

부터 자신을 이탈시키는 위험에 직면하게 될 것이다. 다시 말해서 자신의 종교가 지니고 있는 본질적인 것을 포기하게 될 위험에 직면하게 된다. 몇몇 서구의 지성인들 또는 극동의 지성인들이 자신들을 "종교 내적으로" 이해시키기 위한 목적으로 대화를 시도한다면, 그것은 종교 사이의 대화에도 별다른 도움을 제공하지 못할 것이다. 즉, 자신의 종교가 지니고 있는 규범적인 그리고 결정적인 것을 포기한다면, 그것은 도대체 대화를 불가능하게 만든다. 달리 말해서, 대화의 역량이라는 덕목은 입장의 고수라는 — 경직된 자세 대신 역동적인 자세로 이해되어야 한다 — 덕목을 필요로 한다. 양자의 덕목은 동질의 덕목에 속하는 것이다.

입장 고수에 토대를 둔 대화는 어디로?

가. 신앙에 토대를 둔 대화의 결과

자신의 전통에 충실하면서 동시에 자아 비판적으로 다른 전통에 대해 개방적인 자세를 취하는 자는,

○ 주어진 현실의 소여에 진력하고 대화의 결과로서 파생되는 내용을 그리고 이러한 대화와 이해의 과정을 거친 후 — 여기서는 단지 그리스도교와 이슬람교 사이의 대화를 하나의 사례로서 제시하기 위해 — 예수 그리스도와 예언자 마호메트 사이의 관계에 대한 진술을 대화와 이해의 과정에 전적으로 위임한다. 이것은 **구체적**인 "접근" 방법이다.

○ 다양한 전통, 전통의 원천 그리고 구세주를 전통의 맥락 속에서 그리고 전통 안에 차지하는 위치 안에서 통찰한다(예를 들어 그리스도교 안에서는 예수 그리스도가 중심적인 위치를 차지하지만, 이슬람교의 경우 그리스도가 되기를 원하지 아니하는 마호메트가 아니라 그 대신 코란이 중심적인 위치를 차지하고 있다). 이로써 서로 얽혀 있는 전통에 대한 상이한 조망이 가능하게 된다. 이것은 신앙에 토대를 둔 **역사적**인 고찰 방법이다.

○ 자신의 대화 상대자에게 처음부터 그의 신앙의 입장을 인정하고, 그 대화 상대자로 하여금 이해의 과정 가운데에서 두 대화 당사자 서로를 변화시키는 제한없는 개방성을 배우도록 하

는 조건없는 각오를 기대한다. 이것은 인내를 동반하는 **현실적**인 방법이다.

○ 처음부터 자신의 고유한 신앙의 확신을 고백하고 — 예수는 규범적으로 그리고 결정적으로 그리스도이시다 — 동시에 비그리스도교적이기는 하지만 진정한 의미에서 예언자로서의 마호메트의 역할을 수용한다. 특히 그리스도론에서 제기되는 유일신 신앙으로부터의 이탈과 관련한 마호메트의 경고를 수용한다. 이것은 자아 비판적이고 **그리스도교적**인 입장이다.

나. 그리고 실천적으로는?

이 모든 것은 실천적으로 다음과 같은 결과를 초래한다. 그리스도인으로서 또는 비그리스도인으로서 이러한 비판적·자아 비판적인 기본 태도를 고수하는 자는 신앙에로의 적극적인 동참과 신앙에 대한 이해의 각오, 종교적 충실성과 지성적 정직성, 다원성과 정체성 그리고 대화의 역량과 입장의 고수를 결합시킬 수 있다. 이러한 사람은 자신의 공동체와 비판적이고 반성적인 결합의 관계를 유지하고, 동시에 자신의 신앙 공동체는 물론 다른 신앙 공동체 안에서 어떤 무엇을 새롭게 해석하려고 시도할 뿐만 아니라, 일치를 위한 공동체를 지향하는 시각과 더불어 변화시키려고 시도한다.

참된 일치를 위한 근본 태도는 다르게 사고하는 자에 대해 공격적인 태도를 보이지 아니하고, 결정적인 순간에 뺑소니치는 태도를 보이지 아니한다. 이러한 근본 태도는 교리의 논쟁이나 입장의 중립화를 거부한다. 아울러 이러한 근본 태도는 **입장의 고수를 통한 대화의 각오**를 의미한다. 이러한 태도는 그리스도인들을 위해서는 그리스도교에 관한 사안에 대해 충실한 자세를 취하는 것을 의미하고, 억압에 대한 공포를 배제하는 지조를 의미한다. 가끔 정확한 정보 부족에도 불구하고 일치를 위한 소망의 사고에 대해 언급할 수도 있을 것이다. 그러나 어떠한 사고도 이러한 소망을 배반하지 않는다. 모든 소망의 사고는 처음부터 환상에 지나지 않는다고 생각하는 자가 있다면 다시금 숙고해 보아야 할 것이다. 즉, 일치를 위한 소망의 사고에 사로잡혀 약 50여 년 전 자신의 신앙을 확신하면서, 자신의 전통에 뿌리를 내리고 있으면서, 자아 비판적인 가톨릭 신자와 프로테스탄트 신자들이 서로 대화하기 시작했다는 사실을 말이다. 이들은 자신들 각자의 신앙 공동체에 충실히 머물면서 시간의 흐름과 함께 자신의 신앙 공동체는 물론 다른 신앙 공동체를 변화시키지 않았던가? 비록 오랜 시간이 걸리겠지만 이와 유사한 사건들이 세계 종교 사이에도 발생하리라는 것을 희망해 볼 필요가 있다.

대화 역량은 평화 역량

가. 도상의 과정에

필자가 앞서 언급한 두 가지 대화 방법 사이의 차이점을 너무 예리하게 작업하지는 않았는지 모르겠다. 그러나 대화의 실천에 있어서는 많은 것이 단순화될 수도 있을 것이고, 수많은 그리스도인들은 다음의 내용에 동의하리라 믿는다.

○ 우리는 더 이상 완고하게 교의적으로 다른 가능성에 대한 충분한 정보와 이해, 관용, 사랑이 없이 자신만의 — **그리스도교적**인 — 길을 고집해서는 안된다.

○ 우리는 또한 자신의 길에 대한 실망으로 인해, 다른 길이 가져다 주는 신선함에 열광하여 **다른** 길을 바꾸어서도 안된다.

○ 우리는 다른 종교로부터 배워 익히게 내용을 단순히 오래된 신앙으로 외부에서 **부가**하는 식으로 합성해서는 안된다.

○ 그 대신 우리는 참된 의미의 그리스도교적인 과제로부터 출발해서 지속적인 학습 준비 자세를 통해 **자신의 길을 거듭 새롭게 변형시켜야** 한다. 그리고 다른 종교로부터 배워 익힌 내용을 통해 변화되어야 한다. 그 결과 오래된 신앙을 파괴하지 아니하고 오히려 풍요롭게 만들게 된다. 바로 이것이 "창조적인 변화의 길"(존 콥)[8]이고, 항상 거듭 일치를 위한 과제

---

8. Vgl. **John Cobb,** Beyond Dialogue. Toward a Mutual Transformation of Christianity and Buddhism, Philadelphia 1982.

를 모색하는 그리스도교의 신앙이 걸어가야 할 길이다. 이로
써 우리는 전적으로 새로운 과제에 직면하고 있는가? 결코 그
러하지는 않다.

나. 획기적인 모험

고대 교회의 우리 선구자들은 이러한 창조적인 변화의 길을 모색
하지 않았던가? 호교론자들, 알렉산드리아의 **클레멘스**(Klemens)
와 **오리게네스**(Origenes) 등은 신플라톤주의와 스토아 학파들을
만났을 때 일치를 위한 초대교회의 징후 안에서 신학적인 작업을
시도하지 않았던가? **아우구스티누스**와 **토마스**는 새로운 로마와
게르만 세계와 대결하면서도 서구 라틴적인 징후를 위해 중세기
안에서 그리고 중세기를 통해 변화의 과정을 거치면서 신학적인
새로운 가능성을 사유하지 않았던가? **루터**와 **칼빈**과 **종교 개혁
자들**은 중세기의 신학과 교회가 위기에 직면하여 옛 복음에 대한
반성이 불가피했을 때 자신들을 변화시키지 않았던가?

근대의 징후에 있어서, 과학 신앙과 기술 신앙의 시대에 있어
서 그리고 식민주의와 제국주의 시대에 있어서, 세계 종교들과의
적극적인 만남이 이루어졌을 때 그리스도교 교회의 많은 것들이
그 신뢰성을 상실했다. 이제 새로운 후기 식민주의 시대, 다중심
주의적인 시대 그리고 **후기 근대**의 시대가 도래했다. 즉, 그리
스도교와 세계 종교들이 폭넓은 대화를 시작해야 할 시대에 접어
들었다.

대화 역량은 **평화 역량을 위한 덕목**이다. 대화의 역량은 자
신이 걸어 온 실패의 역사를 인식하고 있다는 사실 때문에 인간
적인 것이다. 대화가 중단되는 곳에는 그것이 개인적인 영역이든
아니면 공적인 영역이든 전쟁이 돌발했다. 대화가 실패하는 곳에

는 억압이 시작되었고 권력자들의 힘이 지배했다. 대화를 시도하는 자는 발포하지 않는다. 이러한 사실은 종교 그리고 교회에도 유비적으로 적용된다. 대화를 지지하는 자는 자신의 교회와 종교의 규칙에 지나치게 얽매이지 않으며, 다르게 생각하는 자 또는 이단자와의 투쟁이라는 형태의 배척을 혐오한다. 대화를 지지하는 자는 대화를 고수하고 필요하다면 타인의 입장을 존중하고자 하는 강력한 내적인 힘을 소지해야 한다. 왜냐하면 세계의 모든 종교들이 **이단자에 대해 거듭 관용 자세**를 취하지 못하고 있는 한, 대화 역량이라는 덕목에 대해 아무런 이해도 하지 못한다는 사실만큼은 분명하기 때문이다. 아울러 이 대화 역량에 우리의 모든 정신적인 생존은 물론 심지어는 윤리적 생존도 달려 있다는 사실 역시 분명하다. 왜냐하면,

○ 종교 사이의 평화를 배제하고서는 국가 사이의 어떠한 평화도 불가능하고
○ 종교 사이의 대화를 배제하고서는 종교 사이의 어떠한 평화도 불가능하고
○ 신학적인 기본 연구를 배제하고서는 종교 사이의 어떠한 대화도 불가능하기 때문이다.

우리는 제3부에서 마지막 부분에 대해 고찰해 보고자 한다.

제3부

종교 대화 없이 종교 평화 없다

종교적 시대 상황의
분석 서설

〈제1장〉

기초 연구 없이
종교 대화 없다

인간이 2000년대에 돌입함에 있어서 대 종교들의 위치는 어떠한 것일까? 무엇이 지속되어야 하고, 무엇이 변화되어야 하는가? 영속적인 신앙의 요체는 무엇이며 변화하는 징후는 무엇인가? 종교들 사이의 적대는 어디에 있으며, 병존과 분화, 수렴과 갈등의 진원지 그리고 대화의 씨앗은 어디에 있는가? 일련의 전 물음이 제기되지 않을 수 없다.

그리스도교 신학자가
다른 종교에 대하여?

가. 객관성과 공감

그리스도교 신학자가 도대체 다른 종교, 예를 들어 유태교와 이슬람교에 대해 사실에 부합하게 서술할 수 있을까? 또는 반대로 유태교인이나 이슬람 교도가 그리스도교에 대해 객관적으로 사실에 부합하게 진술할 수 있을까? 이러한 물음에 대해, 적어도 프랑스인이 독일에 대해 그리고 독일인이 프랑스에 대해 어느 정도 사실에 부합하게 진술할 수 있듯이, 유태교인이나 이슬람 교도가 그리스도교에 대해 그리고 그리스도인이 유태교와 이슬람교에 대해 서술할 수 있다고 대답할 수 있다. 밖에서 바라보는 타인의 시선이 가끔은 내부에서 바라보는 시선보다 더 용이하게 문제점과 기회를 인식할 수 있지 않을까? "사실에 부합함"이란 물론 객관적이고 중립적인 것 — 관찰자로서의 입장— 을 의미하는 것이 아니다. 아울러 임의적이고 사실에 부합하지 않는 것 — 종교적인 열광 — 을 의미하는 것도 아니다. 오히려 개인적인 관여 또는 어떤 사실에 각별한 관심을 기울이는 것을 의미한다. 이러한 사실을 어떻게 정확하게 이해할 수 있을까?

○ "중립적인" 종교학자들의 학문적인 선판단과 관련해서 종교적 실재에 대한 객관적인 인식과 주관적인 종교적 체험은 서로 보완하고 서로를 풍요롭게 만든다는 사실을 강조하는 것이다.

○ 규범적으로 사고하는 신학자들의 교의적인 선판단과 관련해서 학문적인 무편견 — 초연함 — 과 객관적인 묘사는 주관적인 가치판단과 개인적인 관심을 위한 전제조건이 된다는 사실을 확인하는 것이다.

이러한 사실은 종교 사이의 대화를 위해서는, 필자가 이 책의 제 2부에서 폭넓게 제시한 바 있는 것처럼, 자신의 신앙 전통과 신앙 공동체에 대한 충실성은 다른 신앙인들에 대한 대화 지향적인 감정이입을 배제하지 않는다는 것을 의미한다. 충실성과 연대성은 이념적으로 편견이 없는 학문성 그리고 **비판적이고 자아 비판적인 학문성** 안에서 드러난다. 이것은 법학, 정치, 역사는 물론 종교까지도 동참하는 비교연구에도 적용된다.

나. 종교적 시대 상황에 대한 일치 운동적 연구 계획

필자는 앞으로 비판적이고 자아 비판적인 학문성의 기본 토대를 견지하면서 중요한 종교 전통과 인류 공동체를 시대에 부응하는 방법으로 연구하기 위해 그리고 종교의 일치 운동적인 이해를 돕기 위해 새로운 연구 계획의 모험 — **"종교 평화 없이 세계 평화 없다: 인류가 직면하고 있는 종교적 위치에 대한 전지구적 분석과 전망"**[1] — 을 감행하고자 한다. 우선 어떻게 이러한 연구 계획이 실현될는지에 대해 간략하게 정리하고 방법적으로 정당화시켜 보고자 한다.

---

1. 필자에게 5년간의 연구를 가능하도록 도움을 제공해 준 Robert-Bosch 기념 재단에 감사드린다.

가능한 한 객관적이고 사실에 부합하는 방법을 통해 그리고 정신적인 동참과 공감을 통해 이 연구 계획은 우선 예언종교 가운데에서 가장 오래된 종교인 **유태교** — 종교의 민족으로서의 유태교 그리고 독특한 형태의 세계 종교로서의 유태교 — 를 다룰 것이다. 그러나 유태교는 일반적인 교과서, 입문서 그리고 역사에서처럼 고립되어 취급되어서는 안된다. 그보다는 오히려 세 가지 예언종교에 대한 포괄적인 연구와의 맥락 안에서 취급되는 것이 바람직할 것이다. 즉, 두 아브라함의 종교, 특히 **그리스도교**와 **이슬람교**와의 대결 안에서 제시되어야 할 것이다. 그러므로 이 세 가지 연구는 예언종교에게 헌증될 것이다. 필자에게 **인도**와 **중국**의 종교에 대해 연구할 가능성의 기회가 주어질는지는 두고 볼 일이다.

이 책의 서론에서 이미 지적했듯이, 필자는 이 어렵고도 광범위한 연구를 아무런 준비도 없이 시도하지는 않는다는 사실을 다시 한 번 더 상기시키고자 한다. 필자는 약 15년 가까이 강의, 대화, 강연, 여행 그리고 특히 학문적인 연구 결과의 출판을 통하여 이러한 연구의 토대를 준비해 왔다. 초기에 필자가 그리스도교 신학자로서 그리스도교 그리고 비그리스도교의 종교들을 전통적인 문제 제기의 — 하느님과 세계, 인간과 구원의 길, 교회와 국가 — 관점 아래에서 해명했으나, 이제 새로운 연구 계획의 범위 내에서는 종교들의 역사적인 상황, 다양한 사회적인 모델 그리고 종교들의 구체적인 발전 추세가 — 즉, 종교들의 과거, 현재 그리고 미래 — 그 배경을 이루게 될 것이다. 이러한 연구에 있어서 시대 분석가는 신학자들을 대체시키지 아니하고 오히려 보완할 것이다. 아울러 세계 정치가 제기하는 절박한 물음은 물론 인간의 실존이라는 개인적인 물음도 우리의 관심을 모으게 될 것이다.

그러나 **어떻게** 그리스도교의 신학자가 대 종교에 관해 편견없이 객관적으로 그리고 사실에 부합하게 서술할 수 있을까? 그 방법은 이미 정신과학 안에 주어져 있다. 하지만 어떤 방법도 유일한 방법이 될 수는 없다.[2] 개별적인 종교에 관한 현실적인 정보는 도서관에 충분할 정도로 가득 차 있다. 하지만 이 정보를 정신적으로 파악한다는 것은 무한하다.[3]

---

2. Vgl. **F. Stern** (Hrsg.), The Varieties of History, Cleveland / Ohio 1956; dt.: Geschichte und Geschichtsschreibung. Möglichkeiten – Aufgaben – Methoden. Texte von Voltaire bis zur Gegenwart, München 1966.

3. 223개국의 그리스도교와 종교들에 대한 개관을 위해서: Vgl. **D. B. Barret,** A Comparative study of churches and religions in the modern world, AD. 1900~2000, Nairobi-Oxford-New York 1982.

②

통합의 모험을 감행함

가. 전체를 조망함

필자 자신은 온 생애에 걸쳐 엄청나게 많은 그리스도교의 역사가를 포함해서, 다른 종교의 역사가, 철학자, 신학자 그리고 온갖 영역의 전문가들을 알게 되었다. 이들 가운데에서 유능한 사람들과 — 종교 사이의 대화를 이끌어온 선구자, 예를 들어 유태인 철학자 부버(Martin Buber), 캐나다의 종교학자 스미스(Wilfred Cantwell Smith) 그리고 그리스도교 신학자 파니커(Raymondo Paniker) 등 — 더불어 필자는 텍스트와 고고학적 발굴에 대한 분석, 사실과 자료와의 씨름 그리고 인물과 사건의 제시만으로는 유태교, 이슬람교, 그리스도교처럼 — 인도와 중국의 종교들에 대해서는 침묵을 지킨다고 하더라도 — 매우 복잡한 종교를 이해하기란 불충분하다고 생각한다. 그러므로 전문학자들은 통합에로의 요구를 회피할 수 없게 되었다.

달리 말해서, 가능한 한 **한 종교의 전체**를 인식해야 한다. 그리고 이 점에 대하여 계속해서 언급되어야 한다. 종교의 전체적인 면모는 단지 발전, 진행 과정, 삶의 자료뿐만 아니라 동시에 구조, 신앙의 유형, 사고, 감정 그리고 행동까지도 보여준다. 즉, 종교적 확신, 전례 예식, 정신적인 실천 그리고 다양한 종류의 제도들이 생생하게 계속 발전하는 고도의 체계를 보여준다. 하지만 어떻게 해서 역사와 현재에 대한 조망을 획득할 수 있는 것일까?

나. 역사적 시도

구원역사로서 ─ 하느님의 구원계획의 전개 ─ 의 세계 역사를 신학적으로 해석하고 그 시기를 구분하는 것은 ─ 아우구스티누스, 피오레(Joachim von Fiore), 보수에(Bossuet)의 구상을 통해 제시된 것처럼 ─ 계몽주의의 역사 비판에 의해 점점 그 토대가 흔들리게 되었다. 몽테스키외(Montesquieu), 기봉(Gibbon), 볼테르(Voltaire), 콘도르세(Condorcet) 등은 근대의 역사 연구를 주도해 왔다. 그 결과 세속화의 근대 과정 안에서 많은 사상가들은 세계사, 문화사 그리고 종교사가 내포하고 있는 체계적이고 철학적인 구조와 함께 이른바 보편적인 법칙을 찾아내려고 시도했다. 물론 오늘날 우리는 자연과학적인 의미의 정확성에 의한 역사적인 법칙이 존재하지 않는다는 사실을 인식하고 있다. 역사 안에는 일정한 요인 자체가 존재하지 않는다. 만일 우리가 처음부터 잘못된 방향으로 흘러가지 않으려면 역사적이고 체계적인 분석을 시도하면서 우리는 특히 역사적인 사변과 선입견에 사로잡힌 체계화에 대해 경계를 설정해야 한다.

제2장

역사는 더 이상 기록될 수 없다

지난 200년 동안 세계 역사에 대한 총체적인 고찰 방법이 통용되어 왔다. 만일 필자가 필자만의 고유한 고찰 방법을 방법론적으로 정당화시켜야 한다면 적어도 어떻게 인류의 역사가 문자의 발명 그리고 높은 문화와 씨름해 왔는가 하는 인류 역사에 대한 세 가지 새로운 총체적인 해석에 시선을 집중시키지 않으면 안된다.

헤겔의 역사철학

가. 세계사와 종교사의 철학

대단한 보편성과 평범한 개념을 통해 포괄적이고 체계적인 역사 철학을 처음으로 완성시킨 자는 헤겔이었다.[1] 헤겔에게 있어서 세계 역사란 결코, 사람들이 가끔 그를 비난하듯이, 조화를 이루 는 발전의 결과가 아니다. 자신의 삶에 있어서 구왕정, 프랑스 혁명, 나폴레옹의 전쟁 그리고 그 뒤를 이은 복구에 참여했던 헤 겔은 결코 순진한 진보 신앙자가 아니었다. 그보다는 오히려 헤 겔은 적대 감정에 휩싸인 사회에 대한 체험으로부터 영향을 받았 다. 헤겔에게 있어서 세계 역사란 하나의 도살대이고 하강과 상 승을 거듭하는 투쟁과 변증법이라는 단계의 연속이다. 모든 단계 는 민족의 정신 안에 그 단계를 결정하는 독특한 원리를 소유하 고 있으며, 민족의 정신 안에서는 개인의 행위 그리고 세계 역사 적인 개체성이 소멸된다. 즉, 상승과 절정 그리고 하강을 통해 항상 거듭 보편적인 세계 정신 안에 출현하는 민족의 정신 안으 로 소멸된다. 그 결과 세계 역사는 세계 심판으로 묘사될 수 있 으며, 철학자는 민족과 국가, 그들의 승리와 패배, 성장과 몰락 에 대해 판결을 내린다. 이것은 오늘에 이르기까지 영향을 미치 는 세계 역사에 대한 엄청난 변화이다.

---

1. **G. F. W. Hegel**의 역사관에 대해서는 미학과 철학사에 대한 강의 이외에, 특히 세계역사의 철학에 대한 강의를 참조하라. 해석과 참고 도서에 대해 서는 Vgl. **H. Küng,** MG를 참조하라.

하지만 헤겔이 독창적으로 남겨놓은 경탄할 만한 업적에도 불구하고, 이 시대의 종교적 상황에 대한 분석에 있어서, 오늘날 헤겔로부터 비롯하는 — 또는 마르크스와 엥겔스에 의한 유물론적·경제적 체제 강요[2]에서 비롯하는 — 어떠한 역사적·관념적인 체제 강요라는 형태에 의존해서는 안된다. 좀더 정확하게 고찰해 보면, 헤겔은 자신의 적으로부터도 높이 평가를 받은 바 있는 "세계 역사의 철학"이라는 강의에서, 세계 시대를 통한 구체적인 역사를 자유의 동–서 운동으로서 이해한 바 있다. 즉, 자유는 인류의 유아 시대에 해당하는 동방 세계 — 중국, 인도, 페르시아, 서아시아, 에짚트 — 로부터 출발해서 청년 시대에 해당하는 희랍의 세계 그리고 장년 시대에 해당하는 로마 세계를 거쳐 마침내는 성숙한 노년 시대에 해당하는 게르만의 세계에로 움직인다고 한다. 모든 것이 돌이킬 수 없는 역사의 마지막 목표, 즉 자유의 실현을 지향하고 있다. 이 모든 것은 랑케(Leopold von Ranke) 그리고 부르크하르트(Jakob Bruckhardt)와 같은 위대한 역사가와는 달리, 헤겔이 얼마나 **동방**과 대결하고 있는가를 분명하게 보여주고 있다. 왜냐하면 16권으로 구성되어 있는 『세계 역사』(1881~88)의 저자이자 독일의 대학에서 엄격한 역사 방법을 관철시킨 랑케는, 부르크하르트와 마찬가지로 여전히 유럽 중심적인 사고에 사로잡혀 있기 때문이다. 부르크하르트 역시 이탈리아의 르네상스에 대한 예찬자이자 1905년 발간한 유명한 저서 『세계 역사 고찰』의 저자로서 동방을 서구의 역사로부터 사실상 제외시켜 버렸다.

---

2. Vgl. **K. Marx – F. Engels,** Manifest der Kommunistischen Partei, in: Werke II, hrsg. von H.-J. Lieber und P. Furth, Darmstadt 1962ff., S.813-858. **K. Marx,** Zur Kritik der politischen Ökonomie. Erstes Heft, in: Werke VI, S.837-1029, bes. Vorwort, S.837-842. **F. Engels,** Herrn Eugen Dührings Umwälzung der Wissenschaft ("Anti-Dühring"), 1878; Neuausgabe Berlin 1948.

헤겔은 게르만 민족의 마지막 세계 시대에 **그리스도교**가 결정적인 역할을 수행했다고 믿었기 때문에, 자신의 보편적인 역사철학으로서 그리스도교의 역사 해석을 제공하려고 시도했다. 이러한 시도는 헤겔 자신의 세계 역사의 철학이라는 토대 위에서 "종교의 철학"을 다룸으로써 더욱더 분명하게 드러나고 있다. 아울러 헤겔은 종교철학을 통해 종교의 역사에 대한 폐쇄된 그러나 깊이있는 현상학적 묘사와 사변적인 해석을 시도했다. 즉, 자연 종교를 출발점으로 해서 정신적 개체성의 종교 — 유태교, 희랍 정신, 로마 정신 — 를 거쳐 절대 종교에 이르는 역사에 대해 그리고 에스키모와 아프리카의 종교를 출발점으로 해서 그리스도교에 이르는 역사에 대한 해석을 시도한 바 있다. 하지만 이러한 해석에 있어서 동일한 비판적인 물음이 제기된다.

나. 논리적으로 필연인 발전?

오늘날 헤겔의 역사철학은 — 마르크스와 엥겔스에 의한 유물론적인 전환을 통해 — 사고의 역사화에 대해 헤아릴 수 없는 대단한 영향을 미쳤다. 특히 역사 연구에 있어서 헤겔은 엄청난 자극과 도전을 의미한다. 그럼에도 불구하고 헤겔에 의해 자극을 받은 독일의 역사학파(Leopold von Ranke)는 헤겔의 유아독존적인 거대한 체제를 지나치게 사변적인 구조라고 폭로하였고, 헤겔의 체제 강요는 물론 진보 도식마저도 거부했다. 신적인 "세계 정신"이 수세기의 세계 역사와 종교 역사를 통해 발전되어 온 변증법 — 정, 반, 합 — 의 과정에서 자신과의 투쟁을 통해 거듭 논리적인 불가피성에 사로잡혀 일정한 국면 또는 종교들을 거쳐야만 하는가? 아니면 세계 정신이 완전한 자아 의식 그리고 — 종교개혁과 계몽주의를 거쳐 — 완전한 자유에 도달하기 위해 항상 새로운 정, 반, 합의 세 단계를 성취해야만 하는가? 그러므로 반드시 자연종교를 출발점으로 해서 유태교, 희랍 정신, 로마 정신을 거쳐 그리스도교에 도달해야만 하는가?

오늘날의 분석을 위해 분명한 것은 "고양의 종교"인 **유태교**는 정신의 변증법적 자아 발전의 과정에 있어서 초기 단계에 머물고 있다는 사실이다. 정확하게 말하자면, 유태교는 "미의 종교"인 희랍 종교와 "합목적성의 종교"인 로마 종교를 거쳐 필연적으로 유일한 "절대 종교"인 그리스도교 안으로 "소멸"된다는 것이다. 그렇다면 이슬람교는 어떻게 되는가? 이슬람교는 헤겔의 세계사적 도식 안에서 볼 때 단지 "게르만의 그리스도교 세계"의 가장자리에 위치할 뿐이다. 즉, "동방의 혁명"인 이슬람교는 이미 오래 전 사멸되어 버렸고, 세계 역사의 토대로부터 동방의 안일함과 침묵 속으로 은퇴하고 말았다.

스펭글러의 문화형태학

가. 세계 역사의 형태학적 개요

1880년에 출생한 독일의 역사철학자 스펭글러는 헤겔보다 더 강하게 니체 ─ 인간을 권력에로의 의지를 동반하는 예민한 감각의 맹수로 이해한다 ─ 의 사상인 보편적인 역사 조망으로부터 영향을 받았고, 세계 역사에 대한 헤겔의 견해를 신적인 세계 정신이 그리스도교적인 서구를 향해[3] 논리적으로 ─ 부단하게 ─ 발전하는 과정으로 이해하는 견해에 지나지 않는다고 비난한 바 있다. 스펭글러에 의하면, 민족적인 국가로부터 세계 역사를 이해해서는 안되고 오히려 국가를 지탱하는 문화로부터 세계 역사를 이해해야 한다고 한다. 왜냐하면 스펭글러는 괴테의 영향을 받아, 살아 있는 유기체로서의 문화는 마치 식물의 씨앗, 개화 그리고 낙화라는 순환법칙에 예속되어 있다고 생각했기 때문이다.

그 결과 스펭글러는 본질적으로 상이하고 독자적이며, 그 자체 폐쇄된 여덟 개의 문화권에 대한 인상학을 설계했고, 이러한 문화권이 드러내는 "상징"을 문화권이 지니고 있는 영적인 상태의 표현으로 이해했다. 생명의 순환법칙에 따라 이들 여덟 개 문화권의 수명은 약 1,000여 년 동안 지속된다. 그후 문화권들은 몰

---

3. Vgl. **Oswald Spengler,** Der Untergang des Abendlandes. Umrisse einer Morphologie der Weltgeschichte. Bd. I, Wien 1918; Bd. II, München 1922; gekürzte Ausgabe hrsg. von H. Werner, München 1959. **D. Felken,** O. Spengler. Konservativer Denker zwischen Kaiserreich und Diktatur, München 1989.

락하기 이전 문명의 형태로서 제왕의 지배 아래에서 존속할 수 있을 뿐이라고 한다. 이러한 순환법칙은 바빌로니아 문화, 에집트 문화, 인도 문화, 중국 문화, 희랍-로마 문화, 아라비아 문화, 남미-마야 문화는 물론 서구의 문화에도 적용된다.

스펭글러의 "세계 역사의 형태학적 개요"는 사실상 — 근대의 절정에 기초하고 있는 헤겔의 유럽 중심적인 낙관주의와는 달리 — 『**서양의 몰락**』에서 절정을 이루고 있다. "서구의 몰락"은 1918~1922년 사이에 두 권으로 출판된 스펭글러 저서의 주제이기도 하다. 제1차 세계대전 후, 100여 년 동안 지속되어 온 독일 황제 제국의 몰락 직후, 종교개혁 이래 자리잡기 시작했던 국가교회체제의 붕괴 직후 그리고 시민사회의 가치와 규범의 와해 직후 "서구의 몰락"은 갈채를 받았고, 그 당시의 지식층들에게 엄청난 인상을 남기기도 했다.

스펭글러는 — 다른 올바른 또는 잘못된 진단은 제외하고서라도 — 공산주의, 파시즘 그리고 국가사회주의를 통해 서구문화의 순환주기 종말에 등장하는 제왕주의와 대중의 정복에 대한 예언과 더불어 그 정당성을 인정받고 있다. 그러나 이 모든 것들은 그의 기본 구상을 정당화시켜 주고 있을까?

나. 서양의 몰락?

스펭글러의 문화형태학적 방법은 역사과학 안에서 — 민주국가 그리고 정치를 지향하는 역사 서술과는 전혀 달리 그 고유한 위치를 차지하고 있다. 그럼에도 불구하고 — 스펭글러의 수많은 개별적인 주장에 대한 이의는 제외하고라도 — 숙명으로 여기지 않으면 안될 정도의 엄격한 결정론적인 과정에 대한 스펭글러의 기본 구상은 관철될 수 없었다. 이러한 의미에서 역사적으로 예정된 스펭글러의 문화형태학은 이 시대의 종교적 상황을 분석하는 데 있어서 별다른 도움을 제공하지 못하고 있다.

물론 스펭글러는 바르트(K. Barth)와 틸리히(P. Tillich)와 같은 신학자 그리고 부버(M. Buber), 블로흐(E. Bloch), 하이데거(M. Heidegger), 야스퍼스(K. Jaspers), 아도르노(Adorno), 호르크하이머(Horkheimer)와 같은 철학자 — 만(Thomas Mann), 헤세(Hermann Hesse) 등 다른 작가들과 예술가들에 대해서는 언급을 회피한다 할지라도 — 등에 의해 감지된 파우스트적이고 역동적인 색채를 띠고 있는 **유럽 근대의 붕괴**를 날카롭게 인식했다. 그리고 실제로 제1차 세계대전 이래 시대의 변화가 진행중에 있다. 그러나 스펭글러의 치료요법은 과연 어떠한가? 스펭글러의 치료요법은, 역사가인 스펭글러가 그 당시 제국주의의 건설을 위한 투쟁에 직면하여 권위주의적이고 제왕주의적인 색채를 강하게 드러내는 프로이센 제국의 재탄생을 위해 변호했을 때, 잘못된 방향으로 흘러가고 있었다. 이러한 확신으로서 나치즘에 하나의 가능성을 제공한 스펭글러였지만 그러나 그 자신은 결코 나치 당원이 되지 않았다. 그의 귀족적이고 반민주주의적인 이념은 그로 하여금 이러한 야만적이고 천박한 혁명을 근원적으로 거부하게끔 만들었다. 하지만 1936년에 타계한 스펭글러는 **후기 근대**의 가능성, 즉 다중심주의적이고 초문화적이며 다양한 종교적 시대 그리고 새로운 **유럽 공동체**에 대한 가능성을 전혀 고려하지 않았다. 만일 스펭글러의 문화인상학이 문화를, 친교 능력을 상실한 영적인 역사 단일성 또는 양식 단일성으로 이해한다면, 그의 문화인상학은 여러 차례에 걸쳐 확인된 경제적·사회적 유형의 전이 가능성을 간과하고 있으며 동시에 특히 기존하는 문화의 몰락에도 불구하고 스스로 생존할 수 있는 대 종교들이 지니고 있는 파괴될 수 없는 그리고 문화를 포용하는 힘을 간과하고 있다. 현실적인 역사 앞에서는 자연법칙에 의해 발생하는 필연적이고 역사적인 "리듬" 또는 "경향" — 마치 오류를 배제하는 예언을 가능케 하는 것처럼 보인다 — 에 대한 신앙은 결코 존속될 수 없는 것이다.

　그러므로 스펭글러는 자신의 철저한 결정론, 비합리주의 그리고 비관주의와 더불어 오류를 범하고 있다. 이러한 오류는 다른 두 예언종교에도 적용된다. 그렇다면 **이슬람교**는 어떠한가? 스펭글러에 의하면 이슬람교는 도대체 새로운 종교가 아니다. 이슬람교에는 이슬람교 나름대로의 진실된 표현이기도 한[4] "마술적 · 아라비아적 문화"가 지니고 있는 영이 발견되기도 한다. 하지만 이 문화는 그리스도교적인 서구 이전에 이미 몰락해 버렸다. 그러면 **유태교**는 어떤가? 하나의 변종으로서 경멸되고 증오되어야 하며 "겟토 그리고 종교 자체와 더불어 사라질 위험"에 직면해 있다. "유럽과 미국의 세계 도시가 안고 있는 문명화된 방법이 성숙되는 순간에 적어도 이 세계의 내부에서 — 러시아의 방법은 그 자체 문제점을 안고 있다 — 유태인의 운명은 완성될 것이다."[5] 완성될 것이다란 무엇을 의미하는 것일까?

---

4. **O. Spengler,** gekürzte Ausgabe, S.326f.

5. **Ders.,** gekürzte Ausgabe, S.337f.

토인비의 문화 순환론

가. 순환에 있어서의 영적 진화

영국의 역사가이며 역사철학자인 토인비(1889~1975)는 세계의 역사를 구성하는 구조에 대한 헤겔의 이념과 스펭글러의 이념을 수용하면서, 그것을 조금은 완화된 형태로 계속 이끌어가고 있다.[6] 토인비는 세계 역사 안에서 발전하는 세계 정신에 대한 헤겔의 사변을 배제하면서 그리고 스펭글러가 주장하는 결정주의, 비합리주의, 비관주의를 배제하면서, 헤겔의 진화 사고와 스펭글러의 순환이론을 결합시킨다. 스펭글러의 직관적이고 암시적인 양식 대신 토인비는 비교종교적이고 경험적인 절차를 통해 ― 자신의 12권으로 구성된 기념비적인 저서 『역사 연구』(1934~61)와 함께 ― 문화가 지니고 있는 보편역사적인 조망을 제시하려고 시도한다. 아울러 토인비는 항상 상황조건적이고 역사적인 도전과 응전을 출발점으로 삼아 스펭글러와는 달리 해당하는 문화 공동체 ― 토인비에게 있어서 문화 공동체는 국가보다 더 중요하다 ― 내부에 살고 있는 개인과 소수의 창조적인 힘을 긍정적으로 고려한다. 이러한 고려는 미래를 위해 확실한 진단을 내리려는 스펭글러의 시도를 배제한다.

이렇게 토인비는 언젠가 존속했던 모든 문명 ― 영어와 프랑스의 언어 관습에 의하면 "문화"에 해당한다 ― 의 생성, 성장, 쇠

---

6. Vgl. **Arnold J. Toynbee,** A study of History, Bd. I-XII, Oxford 1934~1961; 종합: Der Gang der Weltgeschichte. Aufstieg und Fall der Kulturen, Neuauflage Stuttgart 1958.

퇴 그리고 붕괴를 역사적으로 제시하려고 시도한다. 토인비에 의하면 6,000여 년간 26개의 문화가 존재했었으나 그 가운데 절반 정도에 이르는 문화들이 ― 수메리아 문화, 에집트 문화, 미노이 문화, 이외에도 바빌로니아 문화, 헤티스 문화, 근동 문화, 헬레니즘 문화, 중앙아메리카와 남아메리카의 네 개 문화, 그리스도교-정교 문화 그리고 서구문화 등 ― 소멸되었다고 한다.

이러한 사실은 토인비가 스펭글러의 고립된 시각에 비해, 시간은 물론 공간 안에 존재하는 문화 사이의 접촉을 뚜렷하게 제시하고 있다는 것을 의미한다. 동시에 토인비는 순환이론을 진화사고와 연계시킨다. 토인비는 생성하고 소멸하는 문화의 리듬이 인류의 진보하는 정신적 발전에 의해 영향을 받고 있는 것으로 이해하고 있다. 바로 여기에서 대 **종교들**이 핵심적인 역할을 수행한다는 것이다. 군사주의와 전쟁은 지금까지 존재했던 모든 문화를 위해서는 무덤을 파는 원인 제공자였다. 그럼에도 불구하고 토인비는 서구의 몰락을 기대하지는 않는다. 오히려 토인비는 도처에 작용하고 있는 변화의 가능성을 입증해 보인 **그리스도교**를 위한 희망을 통찰한다. 물론 토인비는 비판적인 세계 상황에 직면한 자신의 마지막 활동 단계에서 다른 세계 종교들에 대한 그리스도교의 일치를 위한 개방성을 매우 절박한 것으로 여겼다.[7] 20세기는 핵폭탄의 발명으로 역사의 기억 속에 새겨지는 것이 아니라, 오히려 그리스도교와 불교 사이에 진지한 대화가 시작되었다는 사실을 통해 역사의 기억 속에 새겨진다고 생각했다.[8]

---

7. Vgl. **ders.,** An Historian's Approach to Religion, London 1956; dt.: Wie stehen wir zur Religion? Die Antwort eines Historikers, Zürich 1958.

8. Vgl. **A. Toynbee – D. Ikeda,** Choose Life. A Dialogue, London 1976; dt.: Wähle das Leben! Ein Dialog, Düsseldorf 1982.

나. 단일 종교를 향해서?

토인비의 이러한 구상에 대해 당연히 이론이 제기될 것이다. "인도 문화"가 "힌두 문화"에 의해 강력하게 저지당하지 않았던가? 또는 "중국 문화"가 "원동 문화"에 의해 저지당하지 않았던가 하는 것은 질문자 자신이 결정할 문제이다. 그러나 **한** — 인도 또는 중국 — **민족의 문화 역사와 종교 역사**를 고수하면서 두 개의 문화를 구별하지 아니하고 그 대신 **다양한 총체적 위상 또는 징후**를 구별하는 것은 필자가 보기에는 정당하다.

더 중요한 것은 — 핵전쟁의 가능성과 그 결과에 따른 인류의 멸망 가능성에 직면하여 — 대 종교들이 그리스도교적·이슬람교적·힌두교적 그리고 불교적인 요소들을 취하여 인류의 단일 사회에 봉사하는 유일한 **단일 종교**로 결합될 수는 없는가 하는 것이다. 토인비는 바로 이러한 결합의 가능성을 암시한 바 있다. 하지만 결합의 가능성은 극히 희박하다. 왜냐하면 인류의 단일사회와 단일종교는 오늘날 제2차 세계대전 이후 더욱더 멀어져 버렸다. 하나의 차원에 대한 총체화는 다른 차원에 대한 국부화를 배제하지 않는다. 우리는 이미 이 책의 제1부에서 언급한 총체적인 "인간화"와 관련해서 옛날의 인종학적이고 종교적인 차별과 적대감의 새로운 출현과 대결하고 있다.

토인비가 이루어 놓은 역사·자료적인 업적은 물론 체계적이고 구조적인 업적까지 인정함에도 불구하고, 그의 경험적·역사적인 문화순환이론은 이 시대의 종교적 상황을 분석하는 데 있어서 불충분하다는 점을 또한 지적하지 않을 수 없다. 그렇다면 다른 두 예언종교의 사정은 어떠한가? 우선 **이슬람교**는 어떠한가? 토인비는 이슬람교를 추어올린다. 왜냐하면 이슬람교는 아무런 인종의 우월성을 가르치지 않기 때문이다. 하지만 이슬람교의 소생에 대해서 토인비는 회의적이다. **유태교**는 어떠한가? 반셈족주의자는 아니지만 그러나 반국수주의자이자 동시에 반시오니즘주의자인 토인비에게 있어서 유태교는 화석화되어 버린 종교이고, 이 종교는 "인류를 위한 복음"을 상실한 종교이다. 유태교는 인류의 진보적이고 영성적인 발전과 관련해서 볼 때, 단지 문화적인 화석 — 사라진 시리아 사회의 화석[9]에 지나지 않는다. 유태교에 관한 긍정적인 표현과 대조를 이루는 여러 가지 부정적인 표현들은 탈선 그 이상의 것으로서 헤겔의 진화사고와 스펭글러의 순환이론을 결합시키고자 시도했던[10] 토인비의 구상이 지닌 약점을 폭로하고 있다. 보편 역사가는, 그것이 유태교적·그리스도교적 또는 게르만적인 관습으로부터 유래하든, "유일성 — 단일성 — 에 대한 모든 요구"를 반대하는 경향을 드러내고 있다.

오늘날 여전히 헤겔, 스펭글러, 토인비로부터 그리고 이들의 박학다식함으로부터 많은 것을 배울 수는 있겠으나, 이 시대의 종교적 상황을 평가하기 위해서는 다른 가능성을 모색해야 할 것이다. 어떤 가능성을 모색할 것인가? 종교의 역사와 현재를 정리하는 데 있어서, 한편으로는 세 종교의 흐름의 체계를 — 근동 셈족 출처, 인도의 출처, 중국의 출처 — 구별하는 작업이, 다른 편으로는 모든 종교와 문화 안에서 변화하는 총체적인 상황을 연구하는 징후 분석이 이러한 가능성을 모색하는 데 있어서 도움을 제공할 수 있을 것이다.

---

9. **A. J. Toynbee,** A Study of History, Bd. V, 1933, S.126.

10. **P. Kaupp,** Toynbee und die Juden. Eine kritische Untersuchung der Darstellung des Judentums im Gesamtwerk A. J. Toynbees, Meisenheim / Glan 1967.

제3장

종교의 흐름 체계에 대한
징후 이론의 적용

토인비가 유태교와 이슬람교를 너무 소홀하게 취급하고 또한 그리스도교의 세 문화 — 그리스 정교의 문화, 러시아 정교의 문화, 서구의 문화(위대한 교황으로서의 그레고리오 7세 교황과 함께) — 서로를 너무 지나치게 배제시키려고 시도했으나, 그 대신 필자에게는 두 가지 사실이 중요하게 여겨진다. 즉, 유태교, 그리스도교 그리고 이슬람교를 각각 **전체**로서 파악하고 제시하는 것이다. 이렇게 함으로써 그리스도교, 유태교 그리고 이슬람교가 지니고 있는 **문화의 역사 내부**에서 **징후**가 드러내는 **다양한 위상**을 연구할 수 있게 될 것이고, 과거의 징후로부터 현재의 도전을 이해할 수 있게 될 것이고 아울러 미래의 가능성을 작업해 낼 수 있게 될 것이다.

⓵

징후 이론은 무엇을 원하는가?

가. 다학문적 종교 연구

유태교, 그리스도교 그리고 이슬람교 등 종교들이 지니고 있는 풍요로움, 다양한 차원과 측면을 가능한 한 적절하게 고려하고 동시에 그 예리함과 구조적인 투명성에 도달하기 위해서는 학문적인 분류의 인위적인 구별 — 예를 들어 종교 역사, 종교 현상학, 종교 심리학, 종교 사회학, 철학 그리고 신학 등 — 을 극복하고, 다양한 방법을 통합하려고 시도해야 한다. 그렇게 함으로써 오늘날 요구되고 있는 "종교에 대한 다학문적 연구"(니니언 스마트)[1]에 기여할 수 있게 된다. 그렇다면 이것은 구체적으로 어떻게 시도될 수 있는가?

루마니아에서 태어나 부카레스트, 파리 그리고 시카고 대학에서 교수로서 활동한 종교학자 **머시아 엘리아드**(1907~1986)는 오랜 연구 활동의 말년에 이르러, 석기시대부터 현재에 이르기까지의 4,000여 년간 흘러 온 인류의 종교적 발달을 여러 권으로 구성된 『종교적 이념의 역사』[2]라는 저서에 담으려고 시도한 바 있다. 그의 저서는 대단한 노작으로서 골동품적인 역사 서술로

---

1. **Ninian Smart,** Art.: The Study and Classification of Religions, in: The New Encyclopaedia Britannica, Bd. 26, Chicago 1987, S.548-562; **J. Milton Yinger,** The Scientific Study of Religion, London-New York 1970.

2. Vgl. **Mircea Eliade,** Historie des croyances et des idées religieuses, Bd. I-III / 1, Paris 1976~1983; dt.: Geschichte der religiösen Ideen, Bd. I-III / 1, Freiburg 1978~1983.

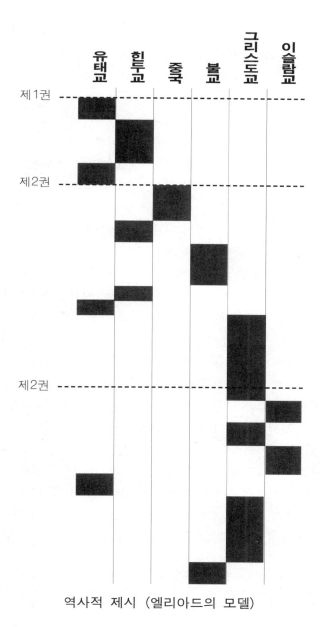

역사적 제시 (엘리아드의 모델)

그치지 아니하고, 독자들로 하여금 실존적인 도전을 제기하도록 유도하고 있다. 유감스럽게도 엘리아드의 저서는 미완성으로 남아 있다. 하지만 칼 바르트(Karl Barth)의 『교회 교의학』에 이르기까지 수많은 정신과학 저서들과 함께 운명을 나누고 있다. 아울러 변증법적인 기본 토대의 위기 그리고 각각의 전통이 지니고 있는 창조적인 계기를 응시하는 종교 이념의 핵심적인 역사, 신앙의 표상, 신화, 제의 그리고 형태 등은 여전히 존속하고 있다. 연대기는 단지 일정한 조건하에 유지되고 있으며, 개별적인 종교들은 — 위의 그림의 경우 단지 세계 종교들만 — 엘리아드의 저서에서는 여러 다양하고 상이한 위치에 분류되어 있다.

바르트 이외에 금세기 프로테스탄트의 가장 탁월한 조직신학자인 **폴 틸리히**(1886~1965)의 구상은 전혀 다른 색채를 띠고 있다. 틸리히 역시 자신의 마지막 연구활동의 시기에 시카고 대학에서 교수로서 재직했다. 시카고 대학의 경우 신학부 아래 신학과 종교학이 통합되어 있었다. 바르트와는 다르게 틸리히는 종교의 세계로부터 다시 한번 더 새롭게 도전을 받아 엘리아드와 함께 2년 동안 종교의 역사에 대한 세미나를 공동으로 이끌어가기도 했다. 1965년 10월 12일 틸리히는 시카고에서 "조직신학을 위한 종교 역사의 의미"[3]라는 주제로 기획 강연을 행한 바 있었다. 이 강연은 틸리히가 자신의 조직신학을 종교 역사와의 대화를 고려해서 새롭게 써야 한다고 함으로써 그 절정에 달했다. 하지만 틸리히는 이 강연이 자신의 마지막 강연이 되리라는 것을 알지 못했고, 강연을 행한 지 10일 후 틸리히는 이승을 떠났다. 그 결과 세계 종교들의 지평을 통한 새로운 조직신학을 위한 비

---

3. Vgl. **Paul Tillich,** The Significance of the History of Religions for the Systematic Theologian, in: The Future of Religions: Gedenkschrift für Paul Tillich, hrsg., von J. C. Brauer, New York 1966.

전은 미완성의 상태로 머물게 되었고, 완성시키기에는 매우 어려운 과제를 남겨 놓았다. 틸리히는 스스로 일본을 여행한 후 불교와의 대화를 위해서는 근본적인 원리, 주요 이념 그리고 주요 상징에 대한 체계의 비교를 제안하기도 했다.[4] 물론 이러한 비교를 통해 전체 맥락은 물론 역사적인 발전마저도 충분하게 제시되지 못했다.

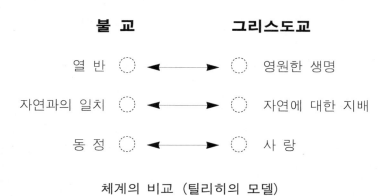

체계의 비교 (틸리히의 모델)

필자는 세계 종교를 통한 첫째 관문에서 이러한 다양한 비교를 시도한 후, 둘째 관문에서는 새로운 방법으로 역사와 조직을 연결시키려고 시도해 보고자 한다. 이렇게 하다 보면 세계 종교의 맥락 안에서 조직신학을 위한 윤곽을 그려낼 수 있는 여유가 생길 수도 있을 테니까 말이다.

---

4. Vgl. **ders.,** Christianity and the Encounter of the World Religions, New York 1962; dt.: Das Christentum und die Begegnung der Weltreligionen, Stuttgart 1964, S.35-46.

나. 역사·체계적 방법

엘리아드의 연구와 틸리히의 미완성 계획을 배경으로 해서 개별적인 종교들의 종교적 상황에 대해 분석하기 위해서는 발전사적이고 해설적인 취급 방법과 국소적이고 주제화된 취급 방법을 결합시키는 것이 바람직하다고 필자는 생각한다. 이러한 결합은 **징후 이론**의 범위 내에서 이루어져야 한다. 징후 이론은 토마스 쿤[5]에 의해 자연과학을 위해 개발되었으나 오랜 토론을 거쳐[6] 다양한 자연과학적 학과목에도 적용되기 시작했다.[7] 필자는 종교의 역사에 대한 징후 이론의 적용을 집중적으로 검토한 바 있으며,[8] 국제적인 신학 심포지엄에서 보고하기도 했다.[9] 그러고는 시도적으로 적용시켜 보기도 했다.[10] 여기서는 단지 좀더 나은 이해를 돕기 위해 그리스도교에서 발생한 징후의 변화에 대한 스케마를 단순화시켜 제시해 보고자 한다.

---

5. **Thomas S. Kuhn,** The Structure of Scientific Revolutions, Chicago 1962; dt.: Die Struktur wissenschaftlicher Revolutionen. 2. revid. und um das Postskriptum 1969 ergänzte Auflage, Frankfurt 1976; ders., Die Entstehung des Neuen. Studien zur Struktur der Wissenschaftsgeschichte, Frankfurt 1978.

6. Kuhn과 Popper 비판가 사이의 논쟁에 대해서는 **I. Lakatos – A. Musgrave** (Hrsg.), Criticism and the Growth of Knowledge, London 1970; dt.: Kritik und Erkenntnisfortschritt. Abhandlungen des Internationalen Kolloquiums über Philosophie der Wissenschaft London 1965, Braunschweig 1974.

7. Vgl. **G. Gutting,** Paradigms and Revolutions. Appraisals and Applications of Thomas S. Kuhn's Philosophy of Science, Notre Dame-London 1980.

8. Vgl. ThA, besonders Teil B: Perspektiven nach vorn.

9. Vgl. **H. Küng – D. Tracy** (Hrsg.), Theologie – wohin? Auf dem Weg zu einem neuen Paradigma, Zürich-Gütersloh 1984; **dies.,** Das neue Paradigma von Theologie. Strukturen und Dimensionen, München-Gütersloh 1986.

10. Vgl. WR, 가장 분명하게는 in Teil C: Buddhismus und Christentum.

다. 세 가지 목적

우리는 해당 종교의 역사 안에서 발생하는 수많은 변조 또는 변화에 주의를 집중시키기보다는, 오늘에 이르기까지 영향을 미치고 있는 **세계사적 전철**에 주목하고자 한다. 즉, **신기원을 이루는 개혁**과 그 개혁의 결과로 파생되어 오늘에 이르기까지 영향을 미치고 있는 **문화적이고 종교적인 위상**에 주목하고자 한다. 이러한 주목의 결과는 모든 종교를 위한 — 우선 유태교, 그리스도교 그리고 이슬람교를 위한 — 세 가지 목적을 가능하게 할 것이다.

○ 하나의 전망을 가능케 하는 **시기의 구분**:
   과거의 징후
○ 역사적인 근거에 입각한 **구조화**:
   현재의 도전
○ 조심스럽게 비망록을 중재해 주는 **예측화**:
   미래의 가능성

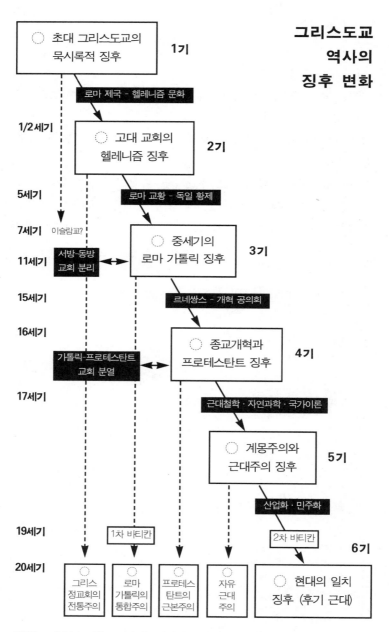

그리스도교
역사의
징후 변화

초대 그리스도교의
묵시록적 징후 **1기**

로마 제국 - 헬레니즘 문화

1/2세기

고대 교회의
헬레니즘 징후 **2기**

5세기

로마 교황 - 독일 황제

7세기   이슬람교?

11세기   서방-동방
교회 분리

중세기의
로마 가톨릭 징후 **3기**

15세기   르네쌍스 - 개혁 공의회

16세기

가톨릭-프로테스탄트
교회 분열

종교개혁과
프로테스탄트 징후 **4기**

17세기   근대철학 · 자연과학 · 국가이론

계몽주의와
근대주의 징후 **5기**

산업화 · 민주화

19세기   1차 바티칸

20세기   2차 바티칸 **6기**

그리스
정교회의
전통주의

로마
가톨릭의
통합주의

프로테스
탄트의
근본주의

자유
근대
주의

현대의 일치
징후 (후기 근대)

역사 체계의 비교에 있어서 예언 종교들의 징후

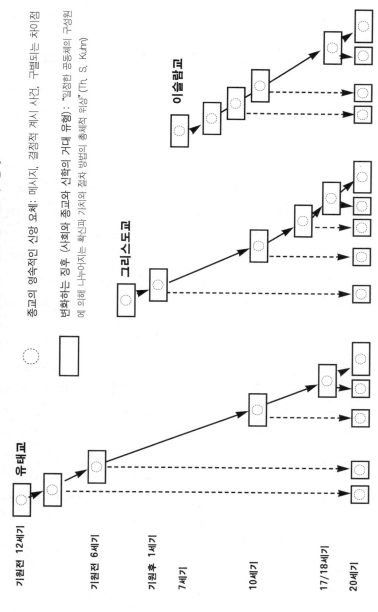

종교의 영속적인 신앙 요체: 메시지, 결정적 계시 사건, 구별되는 차이점

변화하는 징후 (사회와 종교와 신학의 거대 유형): "일정한 공동체의 구성원
에 의해 나누어지는 확신과 가치와 절차 방법의 총체적 우상"(Th. S. Kuhn)

유태교

그리스도교

이슬람교

기원전 12세기

기원전 6세기

기원후 1세기

7세기

10세기

17/18세기

20세기

239

다양한 징후 안에 나타나는 동일한 종교

가. 신기원을 이루는 변혁

세계의 대 종교들이 문화와 문화권에로 스며들지만 그 안에서 소멸되지 않는다는 사실을 통찰하는 것이 매우 중요하다. 세계의 대 종교들은 매우 다양한 문화의 지역을 관통하여 굽이치는 커다란 강의 흐름과 같다. 이러한 종교적인 **흐름의 체계** 내부에서 모든 종교들은 모든 유사성에도 불구하고 자신들의 독특한 모습을 통해 서로의 **고유한 특성**을 진지하게 인정해야 한다.

이러한 인정에 있어서 어떠한 종교의 흐름도 영원히 동일하게 머물지 않는다는 사실을 유의해야 한다. 모든 흐름은 근본적인 변화를 거쳐왔고, 그 결과 하상에는 넓고 사방에 뻗친 삼각주가 생겨났다. 이 삼각주는 강의 수원지의 많은 물과는 상관이 없다. 우리는 단지 갑자기 나타나는 급경사와 좁은 하상 때문에 물을 빠르게 흘려 내려 보내는 흐름과 그 흐름의 속도를 확인할 뿐만 아니라, 방향과 땅의 완전한 변화를 초래하는 엄청난 붕괴, 즉 **신기원의 물결**을 만나기도 한다. 아울러 총체적인 위치의 완전한 변화를 만나기도 한다. 이러한 변화의 와중에는 항상 하나이자 동일한 종교가 자리를 잡고 있기는 하지만 이제는 다른 **징후** 안에서 종교를 고찰하지 않으면 안된다. 즉, 확신, 가치, 절차 방식에 대한 다른 **전체 위상** 안에서 종교를 고찰해야 한다.[11]

---

11. Th. S. Kuhn의 토론을 되돌아보면서 자신의 "Postscríptum 1969"에서 이렇게 정의를 내리고 있다.

달리 말해서, 모든 대 종교들은 경직된 어떤 무엇으로 이해될 것이 아니라, 신기원을 이루는 다양한 총체 상황을 두루 거친 그리고 **살아 있으면서 자신을 발전시키는 실재**로 이해되어야 한다. 즉, 부분적으로 현재에 이르기까지 고수하고 있는 징후를 거친 실재로 이해되어야 한다. 옛 징후가 — 프톨레마이오의 징후 — 새로운 징후 — 코페르니쿠스의 징후 — 에 의해 대체되는 자연과학과는 달리, 종교의 영역에서는 옛 징후 — 고대교회 또는 중세기의 징후 — 이외에도 새로운 징후 — 종교 개혁과 근대의 징후 — 가 여전히 존속하고 있다.[12]

그렇기 때문에 우리는 모든 대 종교들에게 종교의 역사 가운데 어디에 불변과 변화가 있으며, 어디에 연속성과 단절, 일치와 모순이 드러나는가라는 물음을 제기하지 않을 수 없다.

나. 각축하는 징후의 지속

이러한 물음에 대한 대답에 있어서 인식을 이끌어가는 통찰이 우리에게 도움을 제공해 줄 수 있을 것이다. 오늘에 이르기까지 사람들은 **다양한 징후를 통해 드러나는 동일한 종교**의 삶을 살았고, 계속되는 기본 조건에 의해 각인되었으며, 일정한 사회적 계기 아래 예속되어 왔다. 이와 관련해서 그리스도교에 해당하는 것을 예를 들어 보고자 한다. 오늘날 여전히 정신적으로 13세기 — 토마스 아퀴나스, 중세교회의 교황들 그리고 절대적인 교회 질서와 함께 — 에 살고 있는 신자들이 있는가 하면, 정신적으로 4~5세기 — 희랍의 교부들과 함께 — 에 머물고 있는 희랍 정교

---

12. Vgl. ThA Kap. B II: Paradigmenwechsel in Theologie und Naturwissenschaft.

회의 신자들도 있다. 그리고 많은 프로테스탄트 교회의 신자들에게 있어서 여전히 16세기의 코페르니쿠스적인 상황 — 코페르니쿠스와 다윈 이전의 종교 개혁자들과 함께 — 이 매우 중요한 경우도 많다. 바로 이러한 지속성 또는 **완고함 그리고 옛날의 종교적인 징후의 각축**은 오늘날 종교 내부에서 그리고 종교 사이에서 갈등을 일으키는 중요한 원인이 될 수도 있고, 다양하고 상이한 방향, 분파, 다툼 그리고 전쟁의 중요한 원인이 될 수도 있다. 평화의 실현에 기여하기를 원하는 자는 징후에 대한 분석으로부터 벗어날 수는 없다.

그럼에도 불구하고, 만일 다양한 종교 안에서 다양한 징후들이 지속된다면 누가 감히 이러한 징후 전체를 간과할 수 있겠는가, 그리고 이 지구상에서 일어나고 있는 종교적인 혼란에 직면하여 어떻게 **전지구적**인 방위 정향이 가능할 수 있겠는가라는 물음이 제기된다.

현대의 세 가지 종교적 흐름 체계

가. 오늘의 세계 종교에 대한 관심 집중

오늘의 세계는 잡다한 종교, 종파, 종교 섹트, 종교 집단, 종교 운동 등으로 말미암아 혼란을 겪고 있으며, 심지어는 불안마저도 느끼고 있다. 종교들의 공존, 뒤죽박죽, 대립은 전망을 어렵게 만들고 있다. 만일 지역적 또는 국가적인 차원에 그치지 아니하고 **세계사적**인 차원에서 수백년간 계속되어 온 이처럼 복잡다단한 상황을 환원시키고자 한다면 그리고 전망을 불허하는 상황에 직면하여 종교와 관련된 사안에 대한 통찰을 새롭게 시도한다면, "인류의 종교 역사"(Wilfred Cantwell Smith)에 직면하여 여전히 기존하는 종교적 흐름의 체계에 의존할 수밖에 없다. 문화와 더불어 종교들은 일찍이 멸망해 버렸거나 아니면 소멸해 버렸다. 그리고 오늘날에는 단지 과거의 역사적인 관심의 대상으로 남아 있을 뿐이다. 이러한 종교들에 대해서는 — 수메리아 종교 또는 에집트 종교처럼 한때는 매우 매력적이기도 했지만 — 여기서는 언급을 회피하고자 한다. 이러한 회피는 필자에게는 다음과 같은 연구 계획만이 관심의 대상이 된다는 것을 의미한다.

— 필자의 관심은 기존하는 종교에 있다. 이미 언급한 에집트 또는 메소포타미아 종교의 경우처럼 이미 소멸해 버린 종교는 필자의 관심사가 아니다.
— 필자의 관심은 고등 종교에 있다. 물론 자연 종교 또는 부족

종교는 그리스도교에 관한 연구의 범위 안에서, 아프리카 그리고 남아메리카의 종교와 관련해서 언급되어야 할 것이다.

— 필자의 관심은 세계 종교에 있다. 하지만 필자의 이러한 관심은 결코 시크교, 쟈인교 또는 바하이스교에 대한 평가절하를 의미하는 것은 아니다.

— 필자의 관심은 이러한 종교들이 지니고 있는 역동적인 삶의 실재에 있다. 즉, 오로지 이러한 종교들의 교리 체계, 상징 체계 또는 기구의 구조만이 필자의 관심의 대상이 아니다.

나. 예언적 · 신비적 지혜의 종교

오늘의 세계를 분석해 보면 그리고 인공위성으로부터 우리의 지구를 조망해 보면, 이 지구상에 있는 문화의 지역 안에는, 필자는 이러한 사실을 여러 기회에 암시한 바 있거니와, 현재 **세 가지 — 초개인적 · 국제적 그리고 초문화적인 — 종교의 흐름 체계**가 구별된다. 이들 세 가지 종교적인 흐름의 체계는 각자 고유한 생성과 형태학을 지니고 있다.[13] 이들 흐름이 지니고 있는 모든 차이점을 통해 그리고 모든 변화와 일탈과 함께 특히 다음의 사항을 유의해야 할 것이다.

○ **셈족**을 기원으로 하는 종교들: 이 종교들은 **예언적** 특성을 소유하고 있으며, 하느님과 인간의 **대면**을 출발점으로 삼는다. 그리고 주로 종교적인 **대결**의 양상을 드러내고 있다. 유태교, 그리스도교 그리고 이슬람교가 이러한 종교에 속한다.[14]

---

13. Vgl. WR Kap. B I, 2: Mystische und prophetische Religion, und CR Einleitung: China – ein drittes religiöses Stromsystem.

○ **인도**로부터 유래하는 종교들: 이 종교들은 일차적으로는 **신비적**인 색채를 띠며 **단일성**을 지향하는 특성을 소유하고 있다. 그리고 종교적인 **내적 명상**의 양상을 드러내고 있다. 초기 인도의 우파니샤드, 불교 그리고 힌두교가 이러한 종교에 속한다.[15]

○ **중국**의 전통으로부터 유래하는 종교들: 이들 종교는 일종의 **지혜론적**인 특성을 지니고 있으며, 근본적으로는 **조화**의 양상을 드러내고 있다. 유교와 도교가 이러한 종교에 속한다.[16]

이러한 종교들은 수많은 왕조나 제국보다 더 오래 되고, 더 강하고, 더 지속적인 종교들로서 수천년대에 걸쳐 이 지구의 문화를 형성하는 데 있어서 영향을 미쳐왔다. 이 지구상의 다양한 대륙에서 도도하게 진행되어 온 변화의 물결이 여기저기 새로운 고지와 산악지대를 융기시켰듯이 그리고 더 오래 되고, 더 강하고, 더 지속적인 흐름이 거듭 새롭게 고지대를 절개했듯이, 항상 새로운 사회 체제 안에는 국가와 왕조가 발생하기도 했다. 하지만 오래 된 종교의 흐름은 ― 모든 융기와 침강에도 불구하고 ― 적응과 우회로를 통해 자신을 항상 지켜왔고, 문화의 형태를 새로운 방법으로 바꾸어 놓을 수 있었다.

---

14. Vgl. Ki Kap. C I, 4; CS Kap. B III; EG Kap. G I, 2; II, 1; EL Kap. B IV; WR Kap. A.

15. Vgl. EG Kap. G I, 1-2; WR Kap. B-C.

16. Vgl. EG Kap. G I, 1-2; CR. 최근 미국의 사회학자 **P. Berger**가 The Other Side of God. A Polarity in World Religions, New York 1981에서 예언종교를 "대결의 종교", 신비종교를 "내성의 종교"라고 달리 표현한 바 있으며, 지혜의 종교 ― 조화의 종교 ― 에 대해서는 언급이 없다.

다. 유사한 기본 물음과 구원의 길

이 지구상의 자연적인 흐름의 체계와 이러한 흐름의 체계로부터
영향을 받은 지역이 매우 다양한 것처럼, 다양한 대륙의 강과 흐
름 역시 유사한 윤곽과 특성을 드러내 보여주고 있는 것처럼, 유
사한 법칙에 순응하고 협곡이 산악 지대를 가로지르고 평지를 휘
감아 돌아 바다에 이르는 길을 찾듯이, 이 지구상의 종교적인 흐
름의 체계 역시 그러하다. 이러한 종교적 흐름의 체계가 얼마나
다양한지는 수없이 많은 유사한 윤곽, 법칙 그리고 영향을 통해
나타나고 있다. 종교들은 — 비록 혼란을 일으킬 정도로 다양함
에도 불구하고 — 인류의 모든 **기본 물음**에 해답을 제공한다.
즉, 세계와 세계의 질서는 어디로부터 유래하며, 인간은 왜 태어
나며, 왜 죽어야만 하는가? 개인과 인류의 운명을 무엇이 결정하
는가? 윤리적 의식과 윤리적 규범의 존재에 대한 근거는 무엇인
가? 그리고 종교들 모두는 세계 해석을 뛰어넘어 **구원의 길**에
대한 가능성을 제공한다. 즉, 인간 현존의 궁핍, 아픔 그리고 죄
로부터 해방되어 — 이 삶 안에서 의미있고 책임 의식을 수반하
는 행위를 통해 — 지속적이고 영속적이며 영원한 구원에 이르는
가능성을 제공한다.

이 모든 것들은 종교를 거부하는 자 역시 기본적이고 사회적이
며 실존적인 현실로서의 종교를 수용해야 한다는 것을 의미한다.
종교는 또한 인간의 삶의 의미와 무의미, 인간의 자유와 노예화,
민족의 정의와 억압, 역사와 현재 안에서의 전쟁과 평화와 밀접
하게 관련되어 있다. 종교의 수렴과 분화, 갈등과 대화 가능성에
대한 역사적이고 조직적인 분석은 징후에 대한 분석을 통해 가능
하게 될 것이다.

제4장

평화를 위한 일치신학

종교적 이념과 실천이 내포하고 있는 다양성과 모순성에 직면하여 백과사전식으로 축적된 지식만으로는 불충분하다. 이러한 지식은 수많은 사전이나 전거 그리고 특수 문헌에서 찾아볼 수 있다. 우리는 오히려 종교에 대한 흘러 넘치는 정보 때문에 어려움을 겪고 있다. 넘치는 정보는 재료의 수집을 의미하는 것이 아니다. 재료의 작업과 의미 해석이 문제거리를 제공해 주고 있다. 그렇기 때문에 주어진 과제를 해결하기 위해서는 — 이 점과 관련해서 비교 종교 사회학의 창시자인 막스 웨버[1]가 필자에게 모범적인 사례를 제공해 주고 있다 — 총괄적인 것을 개관하는 시각, 본질적인 것을 통찰하는 시각 그리고 서로 차이점을 비교하는 판단력이 필요하다. 이와 관련해서 **모든** 것을 반사하는 거울이 필요한 것이 아니다. 그보다는 **집중적** 통찰을 가능케 하는 점화경이 필요하다.

---

1. Vgl. **Max Weber,** Gesammelte Aufsätze zur Religionssoziologie, Bd. I-III, Tübingen 1920.

이해와 협력

가. 결코 단일 종교가 아니다

한 그리스도교 신학자의 연구 관심은 물론 자신의 그리스도교 신앙 동료에 대한 더 나은 **정보 제공**으로만 그치지 않는다. 또는 신앙의 동반자인 유태교인이거나 이슬람교도와 더불어 철저한 **토론**을 벌이는 데 있는 것도 아니다. 단순히 정보의 제공 또는 토론의 차원을 뛰어넘어 **변화**, 즉 **종교적 이해와 협력**을 추구해야 한다. 이러한 의미에서 종교적 이해와 협력은 종교들 사이의 평화와 아울러 국가들 사이의 평화를 위해 불가피하다. 이때 물론 이미 토인비 이전 아메리카의 철학자 호킹[2]과 1983년 시카고에서 개최된 바 있는 종교 의회에서 인도 출신의 비베카난다 (Swami Vivekananda)[3]와 라다크리슈난[4] — 인도의 첫 대통령 — 이 끈질기게 요구한 단일 종교 또는 보편 종교가 요청되어서는 안된다. 하지만 종교들 사이의 평화에 대한 기여가 모색되어야 하고, 특히 오랫동안 적대 관계를 유지해 왔던 유태교, 그리스도교 그리고 이슬람교의 예언 종교 사이의 평화를 위한 기여도 모색되어야 한다.

---

2. Vgl. **William E. Hocking,** Living Religions and a World Faith, New York 1940.

3. Vgl. **J. M. Kitagawa,** The 1893 World's Parliament of Religions and its Legacy, Chicago 1983.

4. **Sarvepalli Radhakrishnan,** Eastern Religions and Western Thought, London 1939; Vgl. EG Kap. G I, 2: Alles gleich wahr?

나. 창조적이고 구체적인 평화의 신학

그러므로 **그리스도교·유태교·이슬람교 사이의 평화를 위한 신학**이, 단지 미래에 일어날 전쟁 ─ 중동의 어디에선가 발생하는 ─ 을 회피하기 위해서만이 아니라, 동시에 모든 부질없는 독선, 편협 그리고 경쟁욕을 피하기 위해서라도 모색되어야 한다. 물론 평화를 위한 신학은 자신의 구체성을 통해 설득력있게 입증되어야 한다. 왜냐하면 가끔 로마나 제네바 또는 예루살렘에서 설교되는 그러한 **추상적인 호소**로만 일관하는 평화신학은 별다른 의미를 지니고 있지 못하기 때문이다. 이러한 평화신학은 너무 일방적으로 상호 이해와 평화 의지만을 호소하고 자신의 교회, 정당 또는 국가에 대해서는 아무것도 요구하지 않기 때문에 별다른 가치가 없다. 그 결과 이러한 신학은 아무런 구속력을 행사하지 않으며, 별다른 효력도 발생시키지 않는다. 그러므로 오로지 **창조적이고 구체적인** 평화신학만이 적절한 도움을 제공한다. 이러한 평화신학은,

○ 신학적 근본 연구에 대한 수고를 마다하지 아니하는 신학이고
○ 잘 정리된 사고와 행동 구조의 배후를 캐묻는 신학이며
○ 종교 안에 그리고 종교들 사이에 내재하는 핵심적인 차이점을 파악하는 신학이고
○ 모든 측면에서 자아 비판과 자아 수정을 요구하는 신학이다.

이러한 평화신학이야말로 야심이 많은 하지만 극히 **현실적인 프로그램**이다. 이 프로그램은 사회와 국가 그리고 교회 안에서 기존하는 것을 위한 파당의 조성이 아니며, 전통에 대한 충실성을

경고하는 것이 아니며, 길을 벗어난 행군에 대한 경고도 아니다. 아울러 이 프로그램은 이상향에로 안전하게 도피하는 것이 아니며, 묵시록적인 흥분도 아니며, 환상적인 처방도 아니고, 비현실적인 제안 그리고 무용지물의 실험도 아니다.

이러한 연구계획에서 중요한 것은 양 극단 사이에, 임의적인 다원주의의 시류에 편승하지 아니하고, 절대 요구의 주장과 함께 고립하지 아니하는, 하나의 진로를 발견해야 한다. 필자가 이 책의 제2부에서 철저하게 제시한 내용이 여기서는 실천적으로 적용되어야 한다. 모든 종교를 동일하게 취급하고 아직도 멀리 있는 일치를 위한 이해가 벌써 완전하게 이루어진 것으로 전제하면, 일치를 위한 이해를 모색하지 아니하는 **임의적인 다원주의**는 실현성있는 평화신학의 목표가 될 수 없다. 아울러 유태교나 그리스도교나 이슬람교의 **절대성 주장**을 뒷받침해 주는 것 역시 평화신학의 목표가 될 수 없다. 유태교, 그리스도교 그리고 이슬람교 모두는 진리, 정의 그리고 구원을 대상으로 삼는 종교이다.

다. 일치를 위한 지평

오로지 모든 종교들로 하여금 자신의 기원과 인간적인 윤리에 대해 비판적으로 평가하도록 하는 **비판적·자아 비판적인 구별화**만이 평화신학의 목표가 될 수 있다. 우리는 혼합주의를 거쳐서 평화에 도달하는 것이 아니라, 오히려 자신의 개혁을 거쳐서, 즉 쇄신을 거쳐서 조화에 그리고 자아 비판을 거쳐서 관용에 도달하게 된다. 그러므로 여기서는 진리에 대한 물음을 배제하기보다는 그 물음을 포함하고, 그 물음에 대답하면서 평화를 촉진하는 평화신학 그리고 특히 세계 안에서의 갈등과 불안을 — 갈등과 불안의 원인은 종교이다 ― 해소하려고 노력하는 평화신학이 옹호되어야 한다.

평화를 위한 이러한 신학은 엄밀하게 객관적이고 **그리고** 정치적으로나 윤리적으로 중요한 동시에 미래를 지향하는 참으로 **일치를 위한** 신학을 요청한다. 일치를 위한 신학은 자신을 정당화 또는 합리화시키면서 도덕을 설교하는 대사제의 역할 또는 중립적인 입장만을 고수하는 대심판관의 역할에는 걸맞지 않는다. 아울러 일치를 위한 신학은 교회의 정원신학은 물론 소극적이며 학자 냄새나 풍기는 대학의 신학과도 거리가 멀다. 일치를 위한 신학은 모든 비판적인 교회주의와 공정한 학문성에 있어서 항상 일차적으로 관련 인간들과 신앙 공동체의 운명에 관심을 기울인다. 양분되고 착취당하는 세계의 미래에 관심을 기울인다. 일치를 위한 신학은 제동 장치가 아니라, 미래의 길을 이끌어가는 기수가 되어야 한다.

②

전 망

가. 계 획

세계의 종교들은 매우 오래 되었지만 동시에 현재에 속하기도 한
다. 아울러 세계 종교들은 초개인적이고 국제적이며 초문화적인
체제로서 우리의 세계를 이해하기 위해서는 세계 종교들을 이해
하지 않으면 안된다. 하나의 **전지구적**이고 세계사적인 고찰만이
세계 종교들을 이해할 수 있게 만든다. 그런데 이러한 이해는 이
중으로 시도되어야 한다.

○ 현재 안에 여전히 영향을 미치고 있는 과거가 지니고 있는 종
   교적인 힘의 오랜 역사에 대한 **분석**을 통해, 즉 역사적이고
   조직적인 **회상**과 **진단**을 통해서 시도되어야 하고
○ 미래를 향해 주어진 다양하고 정신적이며 지적인 선택은 물론
   사회·정치적이고 종교적인 선택을 지향하는 분석된 현재에
   대한 **조망**을 통해, 즉 실천적으로 일치를 위한 **요법**과 **예측**
   을 통해 시도되어야 한다.

그러므로 유태교, 그리스도교 그리고 이슬람교를 위해서 해명되
어야 할 것은: 어떻게 해서 이러한 결과에 도달하게 되었는가를
아는 것(과거의 징후), 현재의 상황이 어떠한지를 이해할 수 있
는 것(현재의 도전), 모든 것이 어디에로 향하고 있는가를 예측
할 수 있는 것(미래의 가능성)을 해명해야 한다. 그러므로 아직

도 현재화되고 있는 과거 — 잠정적인 현재 — 와 이미 현재화된 미래를 해명해야 한다. 어디로부터(과거)는 계속해서 어디(현재)를 결정하고, 어디(현재)는 어디에로(미래)를 결정한다.

나. 세분된 전지구적 개관

인류의 종교적 상황에 대한 기본 정향이라는 어려운 과제가 성공을 거두기 위해서는, 필자가 바라건대, 우리는,

○ 국가, 세계 지역 그리고 세계 종교들의 다양성에도 불구하고 새로운 세계의 물결을 타고 있는 종교의 위치에 관한 **세분된 전지구적 개관**을 획득해야 한다.
○ 수천년간 수많은 가지치기를 통해 형성되어 온 세계 종교들의 구조가 지니고 있는 **상이성**에도 불구하고 그것을 신장시키는 **수렴**을 인식할 수 있어야 한다.
○ 모든 종교에 두드러지게 나타나는 **변화**에도 불구하고 종교의 가르침, 실천 그리고 갱신 행위를 통해 드러나는 기본적이고 시종일관하는 확고 **불변**한 것을 가려내어야 한다. 그러므로 수백년을 통해 국가·대륙·문화를 뛰어넘고 모든 징후의 변화를 거쳐 종교를 그 본질에서부터 규정하는 항구적인 결정 요인을 가려내어야 한다. 즉, 오늘에 이르기까지 우리의 방향을 인도해 온 영원한 별, 그럼에도 불구하고 항상 다시금 신기원을 이루는 **위상**을 만들어내는 별을 가려내어야 한다.

이렇게 해서 계획된 연구 구상은 이 책에서 자세하게 제시된 바에 따라 진행될 수 있다.

자신의 고유한 종교적 신앙에 대한 신뢰 그리고 다른 종교에 대한 최대한의 개방은 서로를 배제하지 아니한다.

　오로지 이렇게 함으로써만이 필요한 상호간의 정보 교환, 토론 그리고 변화에 도달할 수 있게 될 것이다.

　우리의 모든 시도의 마지막 목표는 결코 하나의 단일 종교를 이루는 것이 아니다. 그 대신 종교들 사이에 평화를 실현하는 것이다.

　그럼에도 불구하고 종교들 사이의 대화를 실현시키기 위해 — 이러한 연구 계획과는 상관없이 — 지금 할 수 있는 일이 있다면 그것은 무엇인가라는 마지막 물음이 대두한다. 몇 가지 실천적인 가능성에 대해서는 이미 지적되었으나, 몇 가지 구체적인 명령법이 명확하게 정리되고 요약되어야 할 것이다.

제5장

후기 근대에 있어서
종교간의 대화를 위한 요청

이 책의 처음부터 마지막까지 분명하게 제시되고 있는 것은 새로 운 후기 식민주의, 후기 제국주의 그리고 후기 근대의 세계 상황 이 두드러지게 등장하고 있으며, 그 결과 새로운 통신 기술을 통 해 세계는 점점 더 빽빽한 그물로 연결되는 다중심적인 세계가 되어가고 있다는 사실이다. 그러나 이러한 다중심적인 세계는 동 시에 초문화적이고 다종교적인 세계이기도 하다. 이러한 다중심 적·초문화적 그리고 다종교적인 세계 안에서는 이제 세계 종교 들 사이에서 실현되는 일치를 위한 대화만이 새로운 비중을 차지 하게 된다. 이 후기 근대의 세계는 평화를 실현시키기 위해 그 어느 때보다도 더 총체적이고 종교적인 이해를 필요로 한다. 총 체적이고 종교적인 이해를 배제하고서는 정치적인 이해마저도 불 가능하게 된다. 그렇기 때문에 이 시대의 표어는 **"여기 그리고 오늘 전지구적이고 종교적인 이해와 함께 시작하다"**이다. 이 것은 종교 사이의 이해를 열정적으로 지역적·지방적 그리고 국 가적 차원에서 밀어붙이는 것을 의미한다. 일치를 위한 이해는 모든 단체와 모든 영역에서 모색되어야 한다. "후기 근대"의 징 후는, 이미 우리가 살펴보았듯이, **일치를 위한 징후**로서 종교적 인 특성을 지니고 있다. 필자는 이 점과 관련해서 일치를 위한 몇 가지 간략한 명령법을 통해 구체적인 요구를 대략적으로 서술 하고자 한다.

모든 집단과의 종교적 대화

다른 종교와 더불어 우리의 미래를 결정하는 문제는 오로지 멀리 있는 것이 아니라 오히려 가까이 있다. 주목할 만한 종교적 소수 문제 — 예를 들어 독일에는 약 2백만 명에 가까운 이슬람 교도들이, 영국에는 약 백만 명에 가까운 이슬람 교도들이, 각각 5십만 명에 가까운 힌두 교도들과 시하크 교도들이 살고 있다 — 를 안고 있지 않은 국가는 거의 없을 것이다. 그러므로 종교적인 새로운 총체 시각이 요구되고 있고, 새로운 길이 모색되어야 하며, 종교 사이의 새로운 개방, 운동 그리고 제휴가 시도되어야 한다. 이 책의 제2부에서 필자는 레바논의 내란, 프랑스와 폴란드에 대한 독일의 관계 등 정치적인 물음을 출발점으로 삼았다. 필자는 드디어 이러한 거시 영역을 뛰어넘어 중간 영역 또는 미시 영역의 차원에서 구체적인 단체에게 요구를 제기하고자 한다. 그렇기 때문에,

가. 정치가, 실업가, 학자

— 우리는 모든 대륙에 있어서 다른 나라와 문화와 인간에 대해 더 좋은 정보를 제공받고 있는 사람들과 다른 종교들의 자극을 파악하고, 동시에 이러한 파악을 통해 자신의 종교에 대한 이해와 실천을 심화시키는 그러한 **사람**들을 필요로 한다.
— 우리는 특히 새롭게 발생하는 세계 정치의 문제점들을 단지 전술 사령부 또는 세계 시장의 시각에서 바라보지 아니하고,

그보다는 오히려 유럽과 세계에 살고 있는 인간들의 화해와 평화에 대한 종교적인 갈망을 간직하고 있는 국제적인 평화 구상을 실현하고자 노력하는 남녀 **정치가**를 필요로 한다.

— 그뿐 아니라 우리는 다른 나라와 문화의 인간들을 오로지 이용하기 위한 수단으로 삼지 아니하고 또는 경제적으로만 사업의 동반자로 여기지 아니하고, 오히려 살벌한 경제적 영역을 뛰어넘어 전인적인 동반자로서 바라보려고 시도하며, 상대방의 역사, 문화 그리고 종교 안으로 이입하려고 노력하는 남녀 **실업가**를 필요로 한다.

— 요컨대 우리는 지금 양적으로 통계적인 지식을 지니고 있을 뿐만 아니라, 동시에 역사적·윤리적·종교적 깊은 지식을 지니고 있는 정치가, 외교관, 실업가, 관료 그리고 **학자**들을 필요로 한다. 가치 기준을 배제하는 지식의 중재는 오류를 초래할 뿐이다.

나. 교회, 신학, 종교 교육

우리는 현재 진행중에 있는 모든 개혁의 시도 — 로마 가톨릭, 프로테스탄트 그리고 동방 정교의 영역에서 — 에도 불구하고 새롭게 다가오는 정신적 그리고 종교적 도전에 대해 교계 제도적으로, 관료적으로 반응하지 아니하고, 그 대신 근본적으로 문제 의식에 가득 차서 반응하는 **교회**를 필요로 한다. 또한 중앙 집중적으로가 아닌 다원주의적으로 조직된 교회, 교의적으로가 아니라 대화적으로 자세를 취하는 교회를 필요로 하고, 자만자족하는 교회가 아니라 신앙의 모든 회의에도 불구하고 자아 비판적으로 그리고 개혁적으로 미래의 물음에 관심을 기울이는 교회를 필요로 한다. 실천적으로 우리는,

— 평화에 대한 관심 때문에 종교간의 대화를 정신적·지적으로
준비하는 **신학** 그리고 신학적인 문헌을 필요로 하고
— 종교간의 지식의 중재에 기여하는 그리고 이러한 지식을 해명
하는 작업을 평화의 교육으로 이해하는 **종교 교육**, 종교 교
사 그리고 종교 서적들을 필요로 한다.

다. 여러 종교들

열전과 냉전 이후, 평화로운 공존 이후, 국지적이고 지역적인 갈
등에 있어서 **구조적인 공존**과 **평화를 실현하는 협력**을 통해
자신을 헌신하는 **종교들**을 필요로 한다. 종교간의 정보 교환, 통
교 그리고 협력이라는 긴밀하게 엮여져 있는 그물이 필요하다.
실천적으로 모든 종교들은 동등한 권리를 지닌 동행자로서,

— 더 많은 상호간의 정보
— 더 많은 상호간의 도전
— 진리와 역사의 종국에 자신의 모습을 완전하게 드러내 보일
유일하고 참된 하느님을 공동으로 추구하는 데 있어서 더 많
은 변형을 필요로 한다.

모든 차원에 걸친 종교간의 대화

자기 자신만이 아니라 개별 인간, 교회 그리고 종교를 위해, 그리고 종교의 화해를 위해 필자는 **모든 차원에 걸친 온갖 형태의 종교간의 대화**를 요청한다. 이 점에 대해서는 하바드 대학의 종교학자 에크가 1986년 포츠담(Potsdam)에서 개최된 교회 일치 위원회를 위한 보고서를 통해 설득력있게 작업한 바 있다.[1] 그렇기 때문에,

가. 비공식 대화와 공식 대화

― 우리는 단지 "평화를 위한 종교의 세계 회의"와 같은 모범에 따라 **회의와 모임**만을 필요로 하는 것이 아니라, 동시에 적극적이고 **제도적 접촉과 쌍방 관계** ― 예를 들면 세계 교회 협의회, 종교간의 대화를 위한 바티칸의 위원회, 국가 교회 기구, 국제적인 유태교, 이슬람교, 불교 협의회 등 ― 도 필요로 한다.

― 우리는 또한 더 많은 **국지적이고 지역적인 종교 사이의 기초 단체와 협력 공동체**를 필요로 한다. 이들 단체와 공동체

---

1. Vgl. den Bericht der Harvard-Religionswissenschaftlerin **Diana L. Eck** vor der Arbeitsgruppe der Untereinheit "Dialog mit Menschen verschiedener Religionen" des Ökumenischen Rates der Kirchen für die Tagung vom 13. bis 20. Juli 1986 in Potsdam: Interreligiöser Dialog – was ist damit gemeint? Ein Überblick über die verschiedenen Formen des interreligiösen Dialogs, in: Una Sancta 43 (1988), S.189-200.

는 문제점들을 논의하고 해결하며, 실천적 협력 가능성을 모색하고 실현한다.

나. 학문적 대화와 영성적 대화

— 우리는 신학자는 물론 종교의 다원성을 신학적으로 진지하게 수용하고, 다른 종교의 도전을 인정하며, 자신의 종교를 위해 다른 종교가 제공하는 의미를 탐구하는 종교학자들의 **철학적이고 신학적인 대화**를 필요로 한다.
— 동시에 우리는 수도 공동체 그리고 서로 침묵하면서 명상하고 반성하며 영적 생활의 심화와 우리 시대를 위한 영성의 물음을 해결하려고 애쓰는 남녀 수도자 그리고 평신도의 **영성적인 대화**를 필요로 한다.

다. 일상의 대화

우리는 매일 그리고 매 시간 세계 도처에서 여러 기회를 통해 만나고 협의하면서 다양한 종교를 신봉하는 인간들의 일상의 대화를 필요로 한다. 종교를 달리하는 결혼과 공동의 사회적인 협력을 통해 그리고 종교적 축제나 정치적인 결정에 직면하여 대소 문제가 발생하여 종교가 실천적으로 관여하는 곳마다 일상의 대화가 필요하다. 그러므로 아주 구체적으로 우리는,

— 같은 거리에서 거주하고, 같은 마을에서 살고, 같은 직장에서 일하며, 같은 대학에서 공부하는 사람들의 **외적인** 대화를 필요로 한다.

— 우리가 항상 이방인들을 만날 때마다, 한 인간 또는 한 권의 책을 만날 때마다 또는 예를 들어 그리스도교인이 코란을 경청하고, 이슬람교도가 복음을 경청할 때마다[2] 우리 자신 안에서, 우리의 머리와 마음 안에서 발생하는 대결 또는 **내적인** 대화를 필요로 한다.

종교간의 대화가 지니고 있는 다양한 차원은 모든 영역에 걸친 상호 이해를 증진시키기 위해서는 단지 선의의 의지 그리고 개방된 자세만이 요구될 뿐만 아니라, 동시에 각 영역에 따라 연대적인 인식도 요구된다는 사실을 자명하게 보여주고 있다. 하지만 이러한 인식에 있어서 근본적인 문제점을 너무 소홀하게 취급하는 학문적이고 신학적인 영역이 결여되어 있는 것도 사실이다. 그렇기 때문에 우리를 이끌어가고, 하나의 계획에로 순응시키는 세 가지 기본 명제를 다시 한번 더 종합하지 않을 수 없다.

○ 국가 사이의 세계 윤리를 배제하고서는 어떠한 인간의 공생과 공존도 불가능하다.
○ 종교 사이의 평화를 배제하고서는 국가 사이의 어떠한 평화도 불가능하다.
○ 종교 사이의 대화를 배제하고서는 종교 사이의 어떠한 평화도 불가능하다.

---

2. Vgl. **J. Lähnemann** (Hrsg.), Weltreligionen und Friedenserziehung. Wege zur Toleranz, Hamburg 1989. **U. Schmidt,** Kulturelle Identität und Universalität. Interkulturelles Lernen als Bildungsprinzip, Frankfurt 1986 (bes. die Aufsätze von **P. V. Dias, A. Imfeld, G. Flaig**).